医療経済学・地域医療学

浜田　淳・齋藤信也 編著

岡山大学出版会

推薦のことば

　大学で学ぶことの目的や目標は、学生諸君により諸種であると思います。しかしながら、深い専門的知識や高度な技術、そして幅広い教養の習得を大学教育の主要な目的とすることに異存のある人は、少ないと思います。この目的達成のため岡山大学は、高度な専門教育とともに、人間活動の基礎的な能力である「教養」の教育にも積極的に取り組んでいます。

　限られた教育資源を活用し大学教育の充実を図るには、効果的かつ能率的な教育実施が不可欠です。これを実現するための有望な方策の一つとして、個々の授業目的に即した適切な教科書を使用するという方法があります。しかしながら、日本の大学教育では伝統的に教科書を用いない授業が主流であり、岡山大学においても教科書の使用率はけっして高くはありません。このような教科書の使用状況は、それぞれの授業内容に適した教科書が少ないことが要因の一つであると考えられます。

　適切な教科書作成により、授業の受講者に対して、教授する教育内容と水準を明確に提示することが可能となります。そこで教育内容の一層の充実と勉学の効率化を図るため、岡山大学では平成20年度より本学所属の教員による教科書出版を支援する事業を開始いたしました。

　教科書作成事業は、本学に設置された教育開発センター教科書専門委員会において実施しています。本専門委員会では、提案された教科書出版企画を厳正に審査し、また必要な場合には助言をし、教科書出版に取り組んでいます。

　今回、岡山大学のオリジナルな教科書として、『医療経済学・地域医療学』が刊行される運びとなりました。私は、学長としての基本方針を示した「森田ビジョン」において、「地域の方々と連携しつつ、地域の善き頭脳となり、地域のための優れた人材養成の場となって、地域の自立と創造的発展に貢献する大学となる」ことを掲げました。この方針に沿って、岡山大学では、地域医療教育に力を注ぐとともに、全学をあげて、地域の方々とともに「地域と医療プロジェクト」を積極的に実践してきました。その成果は本書でも十分に発揮されていると思います。

この教科書の刊行をきっかけにして、医療・介護だけでなく、まちづくりを含めた「地域と医療」にかかわる対話がさらに活性化し、それが地域の発展につながることを祈念しています。

2014年4月
国立大学法人 岡山大学 学長 森田　潔

はしがき

　この本は、岡山大学医学部医学科の「医療政策・地域医療学」及び「医療管理学」並びに医学部保健学科の「医療経済学」の教科書として、講義を担当する教員が中心となって執筆・作成したものです。

　まず、「第一部　医療・介護を支える仕組み」では、基礎知識として必要でありながら、たやすくは理解しにくい医療制度と介護制度について、体系的かつ具体的に解説しました。読者は第一部を概観することによって、医療・介護制度の全体像をイメージすることができると思います。

　「第二部　医療政策・地域医療学」は、本書の特徴となる部分です。

　「地域医療とはなんだろうか」の章では、岡山大学地域医療人材育成講座の実績や若月俊一氏など地域医療の先覚者の経験を踏まえて、「地域医療とは何か」が明快に語られています。それに続く章では医師の地域・診療科による偏在、勤務医の疲弊など地域医療の現状と課題や、各地域で課題となっている「地域包括ケアの構築」などが立体的に解説されています。

　地域医療の実践については、中山間地域の医療で精力的に活躍されてきた佐藤勝教授と、訪問診療を専門にされている小森栄作先生、中村幸伸先生に執筆をお願いしました。読者は、地域医療の理論と実践の両面をバランスよく理解することができるはずです。

　「第三部　医療経済学」では、まず、医療・介護を経済学によって分析することの意義がわかりやすく解説されています。これからも増大する医療・介護のニーズにどう対応するか、その際に「人・もの・お金」という限りある資源をいかに配分していくか、という課題の解決に役立つのが医療経済学ですが、ここではそのエッセンスが語られています。

　また、「看護と経済学」の章では、看護の仕事が成り立つ仕組み、看護という労働の特質、地域包括ケアの中での訪問看護サービスの内容などがていねいに解説されています。最後に、「医薬品と経済学」の章では、新しい医薬品を保険に取り入れるか否かの判断基準となる医療技術評価の考え方や医薬経済学による費用対効果の分析手法といった現代的なトピックスが紹介されていま

す。

　以上のように、本書は、医学生や看護学生が医療政策・地域医療および医療経済学の基本をマスターできることを目的に作られています。もちろん医療系の大学あるいは専門学校に在籍する将来の医療チームのメンバーにも有用な内容だと思います。さらには、学生だけでなく、医療・介護の従事者をはじめ、この分野に関心をもつ方々に読んでいただき、医療・介護問題の情報と認識の共有ができれば望外の喜びです。

　「言葉が認識を生み、認識がアクションを生み、アクションが変化を生む」(注) という言葉がありますが、本書の小さな試みが、地域における医療や介護の状況を少しでもよい方向に変えていくきっかけになれば、と考えております。

2014年2月5日

浜田　淳・齋藤信也

（注）宇野重規『民主主義のつくり方』（筑摩書房）P. 161

医療経済学・地域医療学　目次

推薦のことば（森田潔）………………………………………………… i

はしがき ……………………………………………………………………… iii

第一部　医療・介護を支える仕組み ……………………… 1

第1章　医療を支える制度 ……………………………………… 1

第2章　介護保険制度 …………………………………………… 23

第二部　医療政策・地域医療学 ………………………… 39

第1章　地域医療とはなんだろうか ……………………… 39

第2章　地域医療の課題 ………………………………………… 57

第3章　地域医療を実践する－隠岐の島・哲西町・地域医療教育 …… 71

第4章　在宅医療を実践する－訪問診療専門クリニック ………… 117

第5章　医療政策における地域医療 …………………………… 123

第三部　医療経済学 …………………………………… 136

第1章　医療・介護と経済学 ………………………………… 136

第2章　マクロ経済からみた医療と介護 ………………… 153

第3章　看護と経済学 …………………………………………… 163

第4章　医薬品と経済学 ………………………………………… 180

コラム　ももたろう先生の『在宅医療の現場で感じたこと』(小森栄作)

その1　「一病息災」をめざして ……………………………… 22

その2　認知症でも働く力 ……………………………………… 56

その3　飼い犬も見送り ……………………………………… 70

その4　満足の4000円 ……………………………………… 116

その5　生き方の選択 ……………………………………… 135

その6　「じょぽれー」に感謝 ……………………………… 152

その7　命の教育 …………………………………………… 162

その8　幸福な人生とは …………………………………… 179

（このコラムは、山陽新聞夕刊の「一日一題」に連載（2012年12月5日から13年1月30
日）したものです。）

あとがき …………………………………………………………… 196

編集・執筆者一覧 ………………………………………………… 198

第一部　医療・介護を支える仕組み

第1章　医療を支える制度

齋藤信也

　医学部で学ぶのは「医学」であるが、「医学」は「医療」という形を取って初めて患者に役立つものとなる。患者が医療を受けるには、それを支える社会システムがなければならない。別の言い方をすれば、国なり地域は通常、そこに住む国民や住民が病気になっても安心できる仕組みを備えている。ここではそうした医療を支える制度について学ぶことにする。

社会保障と医療

　憲法25条に「すべて国民は、健康で文化的な最低限度の生活を営む権利を有する。国は、すべての生活部面について、社会福祉、社会保障及び公衆衛生の向上及び増進に努めなければならない。」とあるように、国は国民が安心して健やかな生活をおくることができるよう社会保障の向上・増進に努めなければならない。

　社会保障とは、「貧困と疾病の脅威からわれわれの生活と健康を守ろうとする国民的努力の現われ」（第1回厚生白書）と定義されている。安心で健やかな生活に対する二大脅威である貧困と疾病に対して、前者には生活保護制度を、後者には医療保険制度を中心として社会保障のシステムを整えてきた。病気やけがは貧困の大きな要因になることから、医療保障の制度が社会保障の土台をなしていると言ってよい。

　社会保障はその財源により、社会扶助と社会保険に大別される。社会扶助は生活保護のように租税を財源とするものであり、社会保険は保険料を財源とし、保険の原理を用いながら運用される制度である。社会保障にはその財政規模の大きい順に、年金、医療、社会福祉があるが、年金と医療が社会保険方式で、社会福祉が社会扶助方式で提供されている（図1）。また提供されるものが金銭の場合と、サービスそのものの2種類に分けられる。お金をそのまま渡

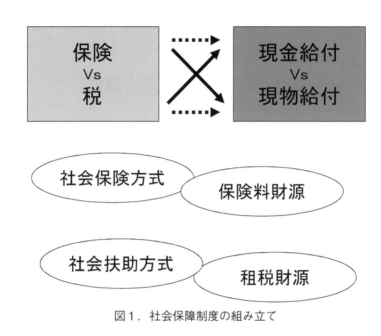

図1．社会保障制度の組み立て

す方式を現金給付、物やサービスの形で提供するのを現物給付と呼ぶ。社会保障制度はこの財源と給付方式の組み合わせによって成り立っている。

社会保障制度としての医療

　医療制度を社会保険方式、社会扶助方式のどちらで行うかは、その国の判断によることになる。わが国は社会保険方式を採用している。ちなみに給付は現物給付方式をとっている。社会保険方式のメリット、デメリットは社会扶助方式のそれと表裏一体をなしている（表1）が、メリットの大きなものとして個人にとっては利用の権利性が明確になる点が挙げられる。利用にスティグマが伴わず、権利として堂々と医療サービスが受けられることは重要なことである。また財政面では負担と給付のバランスを取る必要があることから、際限のない給付増の要求に歯止めをかけることができる。「負担はしたくないが、サービスは十分受けたい」ということによる財政破綻を避けやすい仕組みである。ただし、後ほど述べるように、民間の保険とは異なり社会保険は、社会保障の一環として作られていることから、社会扶助的な要素も相当程度加味され

第1章　医療を支える制度

表1．社会扶助方式と社会保険方式の長所と短所

	社会扶助方式	社会保険方式
長所	① 一定の要件に該当すれば負担に無関係に給付の対象となる ② ある特定の需要にきめ細かく対応することが可能	① 保険料拠出の見返りとして給付を受けることが被保険者の権利として明確 　● 給付の権利性が強い 　● 受給に恥ずかしさや汚名（スティグマ）が伴わない ② 財源面で、保険料負担と給付水準とがバランスがとれる 　● 「給付増は望むが、負担はしたくない」という安易な要求を避けることができる
短所	① 制度に安住しがちな人々の存在につながる ② 財政負担の増大につながりやすい ③ 詳細な資力調査（ミーンズテスト）を受けなければならない ④ 利用にスティグマが伴う	① 一律定型的な給付になりがち ② 過剰利用の問題が起こりやすい

ている。その例が、負担能力の低い人も保険に加入できるようにと財源に税金が投入されている点である。高齢者の多い国保では50％以上の国庫負担金が入れられているし、後期高齢者医療制度も半額は公費に依って支出されている。

　一方社会保険方式の短所として①一律定型的な給付になりがち、②過剰利用等の問題が起こりやすい。の2点が挙げられる。保険制度である限り、保険に加入している被保険者でなければ基本的にサービスはうけられない。これでは医療を必要としていても、それを受けられないということが生じる。こうした社会保険方式の欠点を補うために、公費医療という税を財源とした社会扶助方式の医療制度が設けられたり、生活保護の中に医療扶助が含まれている。また②は社会保険の権利性の強さと表裏一体をなす欠点であるが、たとえばかかった医療費の一部を窓口で負担してもらうことで、一定の歯止めをかけている。

医療システム

　医療システムはfinancing（財政）とdelivery（供給）の組み合わせで成り立っているが、ここではまず、医療の供給体制について説明する。我が国の医療供

第一部　医療・介護を支える仕組み

給体制の特徴として、民間主体でそれが提供されていることが挙げられる。これは、世界的に見ると珍しい部類に入る。ヨーロッパの国々は医療を公的に供給しているところが多く、アメリカでも半分は公的な医療機関により医療が提供されている。我が国では公的な医療機関のシェアは20％程度にすぎない。

医療提供体制

　医療提供体制を医療を提供する場と医療を提供する人々に分けて説明する。

医療を提供する場（医療法）

　医療を提供する場に関するルールは、医療法に定められている。医療法は昭和23年に制定されたが、これは当時の日本の病院を見たGHQの医療担当者が、あまりに劣悪な環境に驚き、「病院というものはこういうものである」ということを教えるために作った法律であるという経緯がある。当時の病院は戦争による国土破壊の影響もあり、衛生状態は悪い上に、患者が寝具を持参し、食事も自炊に頼るありさまであった。そこで、傷病者に科学的で適正な診療を行うため、その診療科に応じ厚生省令で定める一定の基準に従って以下の設備を持たなければならないとされ、具体的には各科専門の診察室、手術室、処置室、臨床検査施設、エックス線装置、調剤所、消毒施設、給食施設、給水施設、暖房施設、洗濯施設、汚物処理施設を備えることが義務づけられた。当初、これらの設備がない病院には認可を与えないということで、病院設備の充実を図ってきたが、我が国が豊かになるにつれ、こうしたそもそもの規定はあまり意味をなさなくなり、現在は下線の施設は外注等で代替可能とされている。

病院

　医療を提供する場として、病院、診療所、助産所、介護老人保健施設が挙げられているが、メインは病院である。医療法の相当部分は病院のことを規定していると考えて良い。病院は病床数20床以上が必要であり、必要な設備と人員、診療体制をそなえていなければならない。これに対して診療所は病床数19床以下であり、病床を持たないものも多い。

第1章　医療を支える制度

　病院のバリエーションとして特定機能病院と地域医療支援病院がある。特定機能病院は、超高機能病院という位置づけで、高度の医療を提供する能力、高度の医療技術の開発および評価を行う能力、および高度の医療についての研修を行う能力のある病院として厚生労働大臣から指定を受ける。現在のところ大学医学部・医科大学付属病院の本院すべてとナショナルセンターと呼ばれる国立がん研究センター病院等が指定を受けている。地域医療支援病院は地域医療を支援するために、紹介患者への医療提供、施設・設備の共同利用・開放化、地域の医療従事者の研修を行う能力のある病院として都道府県知事の承認を得て、この名称を称することができる。

医療計画

　医療機関を充実させる目的もあり、病院の設立は自由な時代が続いたが、病床総数が増加する一方で、病院の地域偏在が目立つようになり、病床の過剰と過疎が生じることとなった。これに対して1985年の医療法改正で、医療機関の地域における適正配置をすすめる目的で、都道府県ごとに医療計画を定めることとなった。

　医療計画を作る上で重要な概念として二次医療圏がある。一次医療圏は市町村圏域であり、三次医療圏は基本的に都府県の圏域である。これに対して、地域的なつながりを考慮しつつ、複数の市町村からなる二次医療圏を設定し、一般医療はこの中で完結するように医療提供体制を整えることとされた。病床数も、二次医療圏の性別・年齢階級別人口、病床利用率等より計算された基準病床数を元に、これを超えた病院の新設、増設の申請があった場合は都道府県知事がそれを辞めさせる勧告を行えることになった。つまり病院に関してその適正配置に強い強制力が及ぶ仕組みになっている。より具体的にいえば、基準病床数を既に超えている二次医療圏での新規の病院開設は基本的には許可されない。

人員配置

　病院の建物が立派で、たくさんの病床を有していても、そこで働く医師が非常に少なければ、適正な医療は提供できない。看護師数に関しても同様であ

る。その目安は医療法施行規則によると、医師は、入院患者52人までは、3人、以後患者16人につき1人、外来患者は、それを2.5人で割った数を加えた数が必要とされる。看護師は、入院患者3人につき1人、外来患者は、30人につき1人が必要であり、薬剤師は、入院患者70人につき1人、栄養士は病床数100以上の病院にあっては、1人、診療放射線技師、理学療法士、作業療法士、事務員その他の従業員は病院の実情に応じた適当数が必要とされている（表2）。ここでの数字はあくまでも最低基準、つまりこれ以上の人数がいなければ病院として認めないというものであり、現実にはこれよりも多くの医療職が病院で働いている。

医療を提供する人々

　医療チームのメンバーは、基本的にそれぞれ国家資格を有している。各職種には基本的に一つずつ身分法と呼ばれる法律が存在する。たとえば医師について規定しているのは医師法であり、看護師について規定しているのは保健師助産師看護師法である。医療関係職種を大きく分けると、医師・歯科医師・薬剤師のグループとコメディカルとよばれるグループに大別される。前者には互いに重なり合わない業務独占（その職種しかその業務をなしてはならないこと）がある。「医師でなければ医業をなしてはならない（医師法）」「歯科医師でなければ歯科医業をなしてはならない（歯科医師法）」「薬剤師でない者は、販売又は授与の目的で調剤してはならない（薬剤師法）」と規定されているように、医

表2．医療法上の必要人員数

		職種				
	病床区分	医師	薬剤師	看護師	栄養士	診療放射線技師、その他
病院	一般	16：1	70：1	3：1	100床以上に1人	適当数
	療養	16：1	150：1	4：1		
	外来	40：1	処方箋数 75：1	30：1		
特定機能病院	入院	8：1	30：1	2：1	管理栄養士1人	適当数
	外来	20：1	調剤数 80：1	30：1		

師は医業を、歯科医師は歯科医業を、薬剤師は調剤業務を独占している。ただし例外規定により、医師と歯科医師は調剤を行うことができる。

　一方、それぞれの身分法に、「医師の指示のもとに○○を行うことを業とする者をいう」という身分規定がある職種のグループをコメディカルと呼ぶ（図2）。ここには看護師、臨床検査技師、診療放射線技師、理学療法士、作業療法士、言語聴覚士、義肢装具士、視能訓練士、臨床工学技士、救急救命士が入る。コメディカルは医師の診療の補助をする職種群といえる。

医師法

　医師法の1条に「医師は、医療及び保健指導を掌ることによつて公衆衛生の向上及び増進に寄与し、もつて国民の健康な生活を確保するものとする。」とあり、17条に「医師でなければ医業をなしてはならない」という医業の業務独占が記されている。医業とは医行為を反復継続の意思をもって行うことである。分かりやすく言えば医行為を業務として行うことである。では医行為とはなんであろうか？最高裁判例により医行為とは、「医師の医学的判断および技術をもってするのでなければ人体に危害を及ぼし、または危害を及ぼすおそれのある行為」と規定される。しかしこれでは定義にはならない。なぜなら「医

- 身分の定義
    - ○○とは、厚生労働大臣の免許をうけて
        - 国家資格で
    - 医師の指示の下に
        - 医師の診療の補助
    - △△を業とする者をいう
        - その仕事を業務（反復して行う）とする
- 免許・試験
- 業務（業務独占）
    - ○○でなければ、△△を行ってはならない
        - ○○だけが行える。○○以外の者が行ったら法律違反
- 守秘義務
    - ○○は、業務上知り得た人の秘密を漏らしてはならない
        - 人のプライバシーに関わる職種である
- 罰則

図2．コメディカルの身分法の構成

第一部　医療・介護を支える仕組み

師は医師が行うのでなければ危険な行為を業務とする」といっているに過ぎないからである。医行為とは一般には疾病の診断治療目的で行われる行為と解されるが、その範囲は社会通念によるしかないともいえる。常識的に考えて医師以外が行うと危険と考えられる行為は医行為である。

　ちなみに医学生は臨床実習で医行為を行うことがあるが、これは医業ではなく、あくまでも医師になるための教育の一環としての医行為であることから、医師法17条の規定に反していないことになる。

医行為とコメディカル（身分法の法体系）

　医師以外には行うことのできない医業の一部の補助を行える者として看護師が存在する。看護師は医師の指示のもとに診療の補助を行うと規定されている。医師の指示があれば行える医行為と、たとえ医師の指示があっても行えない医行為の線引きは一定ではないが、従来は行うことのできないとされた医行為を行うことのできる特定看護師という制度も導入されようとしている。

　看護師も行える医行為（医師の指示のもとに）の一部をさらに専門性の高いコメディカルが行うことができるとしているのが各種身分法の規定である。リハビリテーションの補助を看護師に許可し、さらにそれを理学療法士や作業療法士に許可するという法の作り方になっている。例外は診療放射線技師であり、人体に放射線を照射するという行為は危険を伴うことから、これが行えるのは、医師、歯科医師、診療放射線技師の３者に限られている。もちろん診療放射線技師が医師の指示なくこれを行うことはできないが、一方いくら医師の指示があっても看護師はこれを行うことはできない（図３）。

　医療関係職の法体系は、まず医師に医業を独占させ、その一部の補助を看護師に委ね、さらに看護師の診療補助業務の一部をその他のコメディカルに委譲する形となっている。これは決して、医師を頂点とする医療チームの形成を目指しているわけではなく、たとえフィクションであっても医師が医療すべてを行えることにしておき、その一方で責任も負うことで、専門職と専門職のはざまの無責任体制をなくすことを目的としていることによる。現実的には看護師をはじめとする医療チームのメンバーの働きがなければ、医師単独で医療を提供することは無理である。

8

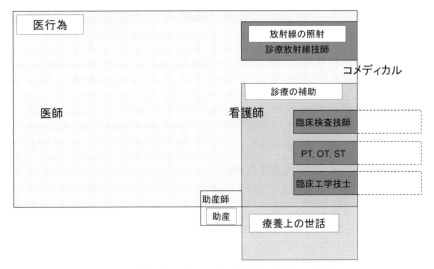

図3．医行為の概念と各医療職の業務の関係

医師の免許

　医師法3条に「未成年者、成年被後見人、又は被保佐人には、免許を与えない。」とある。これを免許の絶対欠格事項という。以前はここに、目の見えない者、耳の聞こえない者が含まれていたが、そうしたハンディをかかえた人にも医師への道をひらくということで、絶対欠格事項から外された経緯がある。続く4条には、「次の各号のいずれかに該当する者には、免許を与えないことがある。

1. 心身の障害により医師の業務を適正に行うことができない者として厚生労働省令で定めるもの
2. 麻薬、大麻又ははあへんの中毒者
3. 罰金以上の刑に処せられた者
4. 前号に該当する者を除くほか、医事に関し犯罪又は不正の行為のあつた者」

という規定がある。これを相対欠格事項という。1号に関する厚生労働省令には、「医師法第四条第一号 の厚生労働省令で定める者は、視覚、聴覚、音声機能若しくは言語機能又は精神の機能の障害により医師の業務を適正に行うに当

たつて必要な認知、判断及び意思疎通を適切に行うことができない者とする。」とあり、こうした障害のある人が相対欠格となっている。

　これは一見、医師になりたいという職業選択の自由を妨げるような規定に見えるかもしれないが、決してそうではない。医師法は、1条の後段に「もって国民の健康を確保する」とあるように、国民の健康な生活を保障できる医師の仕様を定めた法律といえる。そうであれば、医師としての業務を適正に行えないと判断されるような障害がある人には免許を与えることはできない。これは公共の利益を守るために必要な規定である。一方で、こうした障害を相対欠格事項とすることで、障害者の権利にも配慮を行っている。実際目が不自由であったり、耳が不自由な医学生が医師免許を取得するケースが見られるようになっている。

医師の業務

　19条に「診察に従事する医師は、診察治療の求があつた場合には、正当な事由がなければ、これを拒んではならない。」とあり、これを「応召義務」という。正当な事由は非常に限定的なもので、単に疲れているからとか、飲酒しているとかといったことは理由にならない。

　20条には「医師は、自ら診察しないで治療をし、若しくは診断書若しくは処方せんを交付し、自ら出産に立ち会わないで出生証明書若しくは死産証書を交付し、又は自ら検案をしないで検案書を交付してはならない。」とあり、これを「無診察治療等の禁止」と呼ぶ。診察しないで治療を行うことはあり得ないはずであるが、実際の臨床現場では、患者が診察を受けないで投薬だけしてほしいとか、本人以外が来院して処方を求めることはまれではない。こうした行為は当然ながら行ってはならない。診察を行わない診断書の発行も同様である。

　21条に「医師は、死体又は妊娠4月以上の死産児を検案して異状があると認めたときは、24時間以内に所轄警察署に届け出なければならない。」とあるように、医師は異状（状態がおかしいこと）な死体を検案した際には警察署に届けることで捜査に協力する義務がある。異状とは、病理学的な異常ではなく、法医学的な異状であり、病死および自然死以外のものを指すとされている。

10

22条に「医師は、患者に対し治療上薬剤を調剤して投与する必要があると認めた場合には、患者又は現にその看護に当つている者に対して処方せんを交付しなければならない。ただし、患者又は現にその看護に当つている者が処方せんの交付を必要としない旨を申し出た場合及び次の各号の一に該当する場合においては、この限りでない。」と処方箋交付義務と調剤の例外規定がおかれている。処方箋を交付しなくても良い場合すなわち医師が調剤をしても良いケースは、患者が処方箋が不必要といった場合以外に、①暗示的効果を期待する場合において、処方せんを交付することがその目的の達成を妨げるおそれがある場合 ②処方せんを交付することが診療又は疾病の予後について患者に不安を与え、その疾病の治療を困難にするおそれがある場合 ③病状の短時間ごとの変化に即応して薬剤を投与する場合等が挙げられている。

24条に「医師は、診療をしたときは、遅滞なく診療に関する事項を診療録に記載しなければならない。2. 前項の診療録であつて、病院又は診療所に勤務する医師のした診療に関するものは、その病院又は診療所の管理者において、その他の診療に関するものは、その医師において、5年間これを保存しなければならない」とある。これを診療録（カルテ）の記載義務、保存義務という。医師が診療を行った際にカルテを記載し保存することは職業規範でもあり、それを条文化したものと捉えても良い。

保健師助産師看護師法

「看護師」とは、厚生労働大臣の免許を受けて、傷病者若しくはじよく婦に対する療養上の世話又は診療の補助を行うことを業とする者をいう（第5条）。看護師の業務対象は、けがをした人、病気の人、およびじよく婦（褥婦）である。じよく婦とは産褥期にある女性のことであり、妊婦・産婦ではない。助産師の業務独占との整合性をはかるためにこのような規定になっている。

業務内容である「療養上の世話」とは、日常生活動作の援助や療養環境の整備など、いわゆるケアに相当するものである。一方、「診療の補助」とはその名の通り医師の診療の補助行為である。

この業務は、「看護師でない者は、第5条に規定する業をしてはならない。（第31条）」と看護師の業務独占となっている。これに続いて、「ただし、医師

第一部　医療・介護を支える仕組み

法の規定に基づいて行う場合は、この限りでない。」とあるように、医師が看
護師の業務の一部を行うことは例外規定とされている。先述したように、この
ように看護師が独占している医師の診療の補助業務の一部を各種コメディカル
に例外規定として認めるという形で、医療関係職の身分法は作られている。

医療保険制度

　わが国の医療保険は、一般の医療保険と後期高齢者医療制度の２つに分けら
れる。一般の医療保険は、会社等に雇われている人が加入する被用者保険（健
康保険）と、農家や自営業者などが加入する国民健康保険（国保）に大別され
る。被用者保険はさらに、主に大企業が企業単位で保険組合を作って従業員の
保険者となる組合健康保険（組合健保）と単独の保険組合が作れない中小企業
の従業員向けの協会けんぽがある。協会けんぽの保険者は全国健康保険協会で
ある。さらに公務員等が年金と一緒の形で運営する共済がある。国保の保険者
は市町村であり、居住地の市町村が運営する国保に加入することになる。な
お、自営業者の中でも、医師、理容師、建設・土木従事者などは、同業者で国
民健康保険組合（国保組合）をつくり、ここが保険者となっている（図４）。

保険者
保険を請け負う団体を保険者と呼ぶ
全国に3,000強　存在する

被用者保険：サラリーマンやその扶養家族が職場で加入する

組合管掌健康保険（組合健保）1,458	⟶	大企業
全国健康保険協会管掌健康保険（協会けんぽ）1	⟶	中小企業
共済組合　　　　　　　　75	⟶	公務員

国民健康保険：自営業者や年金生活者が自分の居住する市町村単位で加入する

市町村	1,723
国保組合	165

図４．我が国の医療保険制度（平成24年６月現在）

被用者保険は、毎月の給料に決められた率（保険料率）をかけた額が保険料となる。この保険料は労使折半、すなわち本人が半分負担し、残りの半分は会社が負担する。一方国保は、応能割というその人の所得に応じた部分と、応益割という定額の部分が組み合わされて保険料が決まる。被用者保険は被用者本人が被保険者になれば、その家族は被扶養者ということで保険料を支払わなくても、医療サービスが受けられる。これに対して、国保は家族一人一人が加入する必要がある。

国民皆保険

わが国の医療保険のルーツは戦前の工場労働者に対する企業内組合保険であり、これにホワイトカラーが加わり、公務員の制度も整備されてきた。また農民を対象とする国民健康保険制度も、戦時総力体制の一貫として導入されたが、戦争による疲弊もあり、戦後10年を経ても、公的医療保険の無加入者がいまだ3割程度存在していた。そこでこの人たちを住所地の市町村が運営する国保に加入できるような条件を整備することで、1961年に国民すべてが何らかの

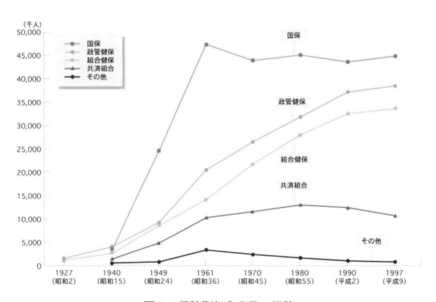

図5．保険別加入者数の推移

13

第一部　医療・介護を支える仕組み

公的医療保険に加入しているという国民皆保険が実現した（図5）。つまり、国保に大量の国費を投じることで、保険料を負担する力の弱い人でも、加入が可能になるようにしてあるわけで、それぞれの保険者の財政を単純に比較して、国保の財政はバランスがなっていないと難じるのは当を得ていない。わが国が世界に誇る国民皆保険制度は、国保が支えているということを改めて認識する必要がある。

後期高齢者医療制度

後期高齢者医療制度は、75歳以上の人が加入する医療保険である。この制度が導入された際に「年齢で区切るのはけしからん」とか「年寄りには死ねということか」といった批判が寄せられたが、高齢者だけを別立ての保険にしたのには歴史的経緯がある。

戦後高度成長期に各自治体が老人サービスの一環として、老人医療費の無料化を行った。それを国全体の制度とするために生まれたのが老人保健制度である。これはその名の通り保健制度であって、保険ではない。その財源の半分は公費から残りの半分は他の保険者からの拠出金によって賄い、75歳以上の高齢

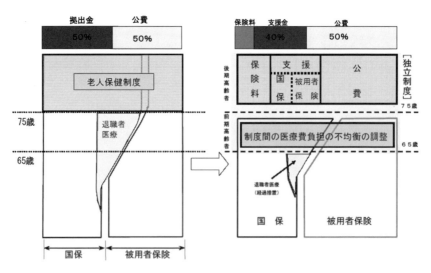

図6．老人保健制度から後期高齢者医療制度への移行

14

者はわずかな一部負担金はあるものの、基本的にほぼ無料で医療を受けることができる制度である。高齢者の急激な増加による高齢者医療費の激増により、この制度を維持することが困難となったことから、2008年から後期高齢者も保険料を負担する保険制度としての後期高齢者医療制度が実施されることになった。しかしもとより負担能力の低い高齢者が対象の制度である事から、全体の半分はやはり公費で支出し、40％は被用者保険および国保からの支援金で賄い、保険料は全体の10％にすぎない（図6）。保険料の占める割合がここまで低くて果たしてそれが保険なのかという疑問がわくであろうが、社会扶助に近かった従来の老人保健制度に比べて、給付を受ける者が負担もするという保険の形をとることで、その権利性が明確になるというメリットがある。財政上も、当事者の負担割合がはっきりしていることから、際限のない公費投入も防止できる。

　この制度が導入された際にその廃止を唱えた政党が政権についたことから、後期高齢者医療制度を止めて、75歳以上の人も一般の保険に加入するという代替案がまとまりかけた。再度の政権交代を受けて、この制度は継続しているが、高齢者の医療制度というのはことほどさように政治問題化しやすいといえる。

保険診療のルール
　我が国では国民皆保険、すなわちすべての国民が何らかの公的医療保険に加入していることから、保険医療のルールが実質的には、医療のルールとほぼ等しいことになる。もちろん、医療保険がカバーしない美容整形や人間ドック等、あるいは自費診療しか行わない場合は、この限りではないが、我が国の病院や診療所のほぼすべてが保険診療を行う保険医療機関であり、医師のほぼすべてが保険医であることを考えると、保険診療のルールを知らないままで、医療に臨むことはできない。

医療と保険医療
　このように我が国の医療のデファクトスタンダード（実質的な標準）が、保険医療であることから、医師の間でもこの両者の制度の区別がついていない者

第一部　医療・介護を支える仕組み

が少なくない。ここではその一つの例として診療録を取り上げよう。医師法24条には「医師は、診療をしたときは、遅滞なく診療に関する事項を診療録に記載しなければならない。」とある。これは医師の職業倫理を条文化したもので、もし非常な多忙により記録し忘れても、状況は汲んでもらえる可能性がある。

　一方、保険医療のルールである療養担当規則22条にも「保険医は、患者の診療を行つた場合には、遅滞なく、様式第１号又はこれに準ずる様式の診療録に、当該診療に関し必要な事項を記載しなければならない。」とほぼ同様の規定があるが、これは、保険診療録の記載義務である。つまり、医師が通常診療録（カルテ）と思っているものは、保険診療で求められている保険診療録であり、そこでの記載には当然保険診療上のルールが適用される。後述するように保険診療でも無診察診療は禁止されているが、保険診療録上に記載がないことは、その診療を行ってないと見なされる。つまり、実際は診療を行ったものの多忙に紛れて記載を忘れた場合、そのまま診療報酬の請求がなされていれば、不正請求と見なされることになる。

保険医療におけるお金の流れ

　国民は保険料を保険者に納める。ここで言う保険者は保険を運営する団体だと考えれば良い。また税金も保険の運営の一部に充当されることから、税という形で国に納めたお金も利用される。一方国民は患者という形で医療をうけるが、その医療費の大半は保険者から医療機関に直接支払われ（これを診療報酬と呼ぶ）、一部を患者が窓口で自己負担する（図７）。この一部負担金は、おおむね医療費の３割であるが、なぜこのような手間のかかることをするのであろうか？その理由として①医療費の一部を負担することで、患者のコスト意識を高め、無駄や非効率な医療を避ける。②利用しなければ損であるという過剰利用（これを保険上のモラルハザードという）を防ぐ。③受益者負担により、医療サービスを利用しない人との間の公平性を確保する。等が挙げられるが、以前は被用者保険の被保険者本人は一部負担金がかからなかったことからわかるように、保険財政が逼迫することへの対応策として、保険料値上げという国民全体に痛みを強いる方法より、実際に医療を受ける患者に負担を求めるという

第1章 医療を支える制度

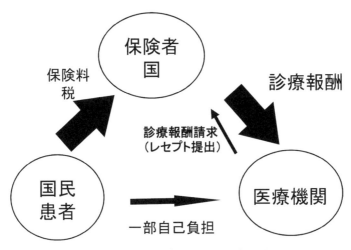

図7. 医療保険制度におけるお金の流れ

方法を採用した結果であるとの見方が妥当であろう。

次に、保険診療のルールについて説明する。診療報酬が支払われる条件として①保険医が②保険医療機関において、③健康保険法、医師法、医療法、薬事法等の各種関係法令の規定を遵守し、④「保険医療機関および保険医療養担当規則」（療養担当規則）」の規定を遵守し、⑤医学的に妥当適切な診療を行い、⑥診療報酬点数表に定められた通りに請求を行っていることが挙げられる。

①の保険医は医師免許とは異なる資格であり、医師免許を有する者が厚生労働大臣に申請して免許を受ける。医師としてあるまじき行為に対して、医師免許剥奪という行政処分が下ることがあるが、保険診療のルールを破った保険医には保険医停止や剥奪という処分が下る。②医療機関も、保険医療を行うにふさわしいと認められて後に、保険医療機関の指定を受ける。③は当然のこととして、一番重要なのは④の療養担当規則という厚生労働省令として定められた保険診療のルールを遵守していることである。

以下、この療養担当規則のエッセンスを、保険診療上行ってはない禁止事項という形で紹介する。

1. 無診察治療の禁止

患者を診察しないで投薬を行ったり、処置を行うことは医師法でも厳に禁じ

17

られているところであるが、保険診療上でいう無診察とは、実際に診察していても、診療録上のその記録がなければ、診察していないと見なされても仕方がないことを指している。つまり、保険請求の根拠となる診察の記録がないまま、診療報酬の請求がなされている場合、それは不正請求とされる可能性が高いということである。

２．特殊診療法の禁止、研究目的診療の禁止

　医師の責務として新たな治療法を開発することも重要であるが、未だ評価の定まっていない特殊な診療法や研究目的の治療を保険に請求することは禁止されている。それらは保険財源とは別の財源（研究費）で賄ってほしいということである。

３．健康診断の禁止

　疾病の予防は、治療にまして重要であり、健康診断の意義は保険者も認めており、加入者のために、人間ドックの受診の補助なども行っている。ここでいう健康診断の禁止とは、日常診療の中で保険診療の一環として健康診断を行うことを禁じている。

４．自己診療の禁止

　自己診療とは医師が自己を診察して治療することであり、その費用を保険に求めることは禁止されている。もちろん自費でこれを行うことは全く問題ない。要は医師に保険上の自己診療を認めると歯止めがかからないことを危惧している規定である。

　自己診療とよく似た言葉に自家診療があるが、こちらは、医師がその家族や従業員の診療を行うことであり、これ自身は禁止されていない。ただ自家診療は、診察が省略されたり、診療録の記載が疎かになりがちであることから、そういうことのないように気をつけなければならない。

５．濃厚診療の禁止

　もとより、営利目的で必要のない検査や診療を行うことは論外であるが、保険診療には、「検査、投薬、注射、処置、手術は個々の患者の病状等から必要性を十分考慮したうえで、段階を踏んで行い、できるだけ最小限で行うべきである（療担規則第20条）」と定められていることから、たとえば日常的に行われているセット検査が、濃厚であると指摘される可能性はある。基本的に段階を

第1章　医療を支える制度

踏んで診療を行うことが求められていると解すべきであろう。

6．混合診療の禁止

　ここまでのルールは、保険者の立場、診療報酬を支払う側の立場にたてば理解しやすいものである。それに対して、混合診療の禁止はわかりにくい。混合診療とは自費診療と保険診療を混合することであるが、たとえば保険でカバーしていない新規の抗がん剤は自費で投与してもらい、他の治療や入院費は保険で支払ってもらうことを指す。その混合診療が禁止されているということは、このように自費診療と保険診療を混合した場合は、医療費全部を自費で支払わなければならないことを意味する。このルールは、患者本人にも、医師にも理解しがたいものである。保険でカバーしない部分が自費になるのはしかたがないが、通常は保険でカバーされる入院費等まで自分で払えというのはあまりの仕打ちではないだろうか。

　混合診療禁止は、国民皆保険制度により国民が必要とする医療はすべて保険で提供してゆくという基本原則に由来している。もし、新薬は自費で、後は保険でということが認められれば、その新薬は保険で使用できないままになってしまう。製薬企業としては、煩雑な保険収載のための申請手続きを厭うたり、薬価を低くコントロールされることを忌避したいという意図から、保険収載を目指すインセンティブが働かなくなる。そうなれば、裕福な人は受けられる治療が、一般の人には受けられないという医療の階層化が生じる危険性がある。これとは逆に、安全性や効果の疑わしい治療が保険診療と併用して提供されると、こうした怪しげな治療が蔓延することになりかねない。

　しかし、保険診療の基本理念はわかるが、患者に過大な負担を強いているケースも少なくなく、その対応が求められていた。国は従来からの特定療養費制度（混合診療可能な保険外診療を差額ベッド等非常に限定する）を廃止し、2006年から保険外併用療養費の制度を創設し、保険外診療を、将来の保険診療でのカバーを前提とした評価医療と、アメニティなど患者の選択による選定医療の二つに区分し、前者は有効性や安全性を評価できる体制を前提に、混合診療を認めることとした。これにより現場からの不満の声が小さくなったが、より根本的な議論は続いている。つまり、医療保険でどこまでの診療をカバーすべきかという問題に対し、厚生労働省は必要で適切な医療はすべて保険で提供

第一部　医療・介護を支える仕組み

するという立場を堅持しているが、混合診療の禁止は不要な規制であるとし、その全面解禁を求める声が経済団体などから上がっている。公的保険でカバーするのは基本的な医療のみに限定し、それ以上のレベルの医療は自由に提供できるようにしようという考え方である。この部分をカバーする民間保険を販売する外資系企業など混合診療解禁をビジネスチャンスと捉えている人々も少なくない。

診療報酬点数表

　保険診療上の診療行為にはすべて点数がつけられている。実際は1点10円で計算されることから、医療は一物一価、典型的な統制経済下に置かれていると言っても良い。医科に関する点数表は大きく基本診療料（初・再診料、入院料等）と特掲診療料（医学管理等、在宅医療、検査、画像診断、投薬、注射、リハビリテーション、精神科専門療法、処置、手術、麻酔、放射線治療、病理診断）の二つからなっている。通常は、例えば初診料270点、処方せん料68点・・・と行った診療行為にかかった費用を足し合わせてゆくことで、請求する診療報酬が決まる。こういう方法を「出来高払い」方式という。

　これに対して、ある病名に対してどれだけ検査や治療をしようが、払う金額をあらかじめまとめて決める方法を「包括払い」方式という。出来高払い方式は、必要な医療を十分に提供できるメリットがあり、患者にも医師にも歓迎されるが、一方で費用に歯止めがかからず、医療費の高額化につながりやすい。これは保険者や国にとっては問題である。これに対して、包括払いは、医療費の増大を抑制する効果が強いというメリットがあるが、反面治療や処置をしなくても報酬は同じである事から、粗診粗療とよばれるような患者にとって望ましくない診療に結びつく可能性がある。現在のところ急性期の入院医療はこの包括払い方式がとられており、包括化はさらに広がる方向にある。

診療報酬の請求と支払い

　ここまで述べてきたような保険診療のルールを守って、診療報酬点数表に基づいて保険者に対して提出する請求書のことをレセプト（診療報酬明細書）と呼ぶ。各医療機関がそれぞれ個別の保険者ごとにレセプトを提出するのは煩雑

なことから、審査支払機関と呼ばれる団体に提出する。審査支払機関は2つあり、被用者保険は、社会保険報酬支払基金（支払基金）に、国保は国民健康保険団体連合会（国保連）に提出する。ここでは提出されたレセプトに記された診療内容が適切かどうかを審査し、それを保険者に送る。保険者は確認の後、確定した金額を支払機関を通じて医療機関に支払う。

医療政策と診療報酬制度

　我が国は国民皆保険であることから、診療報酬制度の調節により医療政策をコントロールすることが容易である。我が国が比較的少ない医療費で世界最高のパフォーマンスを示しているのは、国民皆保険を前提とした診療報酬制度により、医療制度のガバナンスが有効に機能していることが原因である。また、公的にファイナンスし、民間によって供給するといわれるような我が国独特の医療供給体制が、公的供給では不足しがちになる競争や活力を生み出し、それが結果として経済性に優れた医療体制の構築に役立っていることも見逃せない。

参考文献

1）島崎謙治（2011）『日本の医療　制度と政策』，東京大学出版会
2）飯田修平（2011）『病院早わかり読本（第4版）』，医学書院
3）今中雄一（2010）『「病院」の教科書』，医学書院
4）吉原健二・和田勝（2008）『日本医療保険制度史』，東洋経済新報社
5）江川寛（2001）『医療科学』，医学書院

第一部　医療・介護を支える仕組み

━━ ももたろう先生の『在宅医療の現場で感じたこと』（その１）━━

「一病息災」をめざして

　病院とは、診断と治療に特化した非日常の空間である。診断や治療を受けることが入院の当初の目的であっても、入院した以上はやはり退院して「家」に帰ることが目標になる。手術した患者さんが回復して元気で帰ってゆく退院の日の嬉しそうな姿をみることが外科医としての喜びであったのだが、がん専門病院に勤務して、治らない病ゆえに最期まで非日常の世界から出られない人達を知り、その望みは一様に「ありふれた日常」に戻ることであると気付いた。自宅に医療のサポートがあれば療養の場として病院でなく「家」を選べる。症状が重くても治療できることがなくても、やっぱり家がいいと願う患者さんに自宅で過ごすという選択肢を持ってもらいたい。その思いから１年間の研修を経て2010年に在宅医療に特化した診療所「ももたろう往診クリニック」を岡山市に開設した。

　外来診療は全く行わず、通院が困難な状態で在宅医療を必要とする患者さんだけを対象として、「出前診療」のごとく朝から訪問診療に出かけている。脳卒中後遺症の麻痺や老衰で歩けない高齢者から末期癌まで病気の種類や年齢は様々。車に必要な道具器材を積みこんで朝から看護師と一緒に患家に赴く。病気の診断や急性期の治療は設備の整った病院で行ったほうがよいが、ひとたび状態が安定すれば病院での医療と連携しながら「一病息災」をめざして在宅医療の出番である。

第2章　介護保険制度

岸田研作

1．はじめに：お婆ちゃんが、介護が必要になった！

　桃子は、岡山大学医学部の5回生。桃子のお婆ちゃんが脳梗塞で倒れたのは、寒い冬の夜だった。お婆ちゃんはすぐに病院に運ばれ、幸いにも命をとりとめた。しかし、体に麻痺が残ったまま退院することになってしまった。お婆ちゃんは、着替えや入浴もひとりでは難しいという。お婆ちゃんはお爺ちゃんに先立たれ、今は、香川県で伯父さん夫婦と暮らしている。しかし、伯父さん夫婦は共働きで日中は不在である。家で面倒見ていけるだろうか。岡山に住む桃子も桃子の両親も心配した。しかし、家族みんなで話し合った結果、介護保険のサービスを使いながら、何とかやっていくことにした。お婆ちゃんの娘である桃子の母も週末にはときどき手伝いに行くことになった。その頃、桃子は、臨床実習を通じて、病院での医療については、少しは分かってきたと思っていた。また、大学の授業で医療保険について学び、ある程度は知っていた。ところが、お婆ちゃんに介護が必要になったとき、介護保険については、ほとんど知らないことに気が付いた。そういえば、臨床実習でも桃子のお婆ちゃんのように、障害が残ったまま退院する人が何人かいた。しかし、これまでは、そのような人たちが退院後、どのような生活を送るのかあまり深く考えたことがなかった。そこで、春休みに香川のお婆ちゃんに会いに行くことにした。

桃子のお婆ちゃんハルさん（78歳）の状況

■身体状況

　右半身に麻痺が残り、室内ではつたい歩き。食事は、慣れぬ左手ではまだ箸やスプーンがうまく使えず、飲みこみが悪くてむせることがある。立ち上がり、着替え、トイレなどは手助けが必要。外出時は車いすを利用。

■家族状況

　伯父さん夫婦と同居。伯父さん夫婦は共働きで平日の日中は不在。子どもは

23

第一部　医療・介護を支える仕組み

いるが県外に就職している。週末には、桃子の母が、介護や家事を手伝いに行くこともある。

　桃子がお婆ちゃんに会うのは、脳梗塞で入院した病院にお見舞いに行って以来である。お婆ちゃんは、桃子が訪ねてくれたことをとても喜んでくれ、現在の生活について話してくれた。その話を通じて、桃子は、以下に述べるように、介護保険のサービスが、お婆ちゃんの現在の生活を支えるのに大きな役割を果たしていることがわかった。図1は、お婆ちゃんの一週間の日課表である。

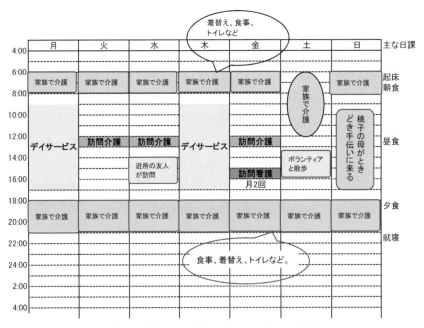

図1　桃子のお婆ちゃんハルさんの日課

　お婆ちゃんは、要介護状態になってから、自由に外出できずしばらくふさぎこんでいた。しかし、デイサービスに通うようになって、新しくできたデイサービスの友だちとカラオケをするという新しい楽しみができた。週2回通う

デイサービスでは健康体操や入浴もしている。

　デイサービスに行かない日は、テレビを見たり、ラジオを聴いて過ごすことが多い。伯父さん夫婦は平日の日中は仕事で不在なので、昼食時には訪問介護員さんが来てくれる。お婆ちゃんは右半身に麻痺があり、慣れぬ左手ではまだ箸やスプーンがうまく使えない。また、飲み込みが悪くてむせることもある。そのため、訪問介護員さんに食事介助をしてもらっている。しかし、完全に介助してもらうのではなく、できるところは自分でし、将来的には左手を使い自分ひとりで食べられるようになることを目指している。

　週に一度来てくれる訪問看護では、血圧測定などの健康管理や拘縮予防のリハビリをしてくれる。お婆ちゃんは、訪問介護員さんや訪問看護師さんとお話しすることも楽しみにしているようだ。

　久しぶりに訪れた伯父さん夫婦の家では、以前目にしなかったものがいろいろあった。まず、玄関の少し高いあがりかまちにはスロープがつけられ段差が解消されていた。また、廊下やトイレなど家の中のあちこちに手すりがつけられていた。歩行が不安定なので、手すりがあると安心だという。寝室には、病院にあるような背部の傾きが調整できるベッドがあり、その上には床ずれ防止のためのマットがあった。これらすべてに介護保険から全額ではないもののお金が出たという。さらに、外出用の車いすを借りるお金にも介護保険からお金が出ているそうだ。

　それにしても、介護保険のサービスは、いろいろあるものだ。どんなサービスがあるのか調べたり、どのサービスをどのように利用するか決めるのは素人には難しそうだ。しかも、サービスはそれぞれ別の事業者が手掛けているという。病院なら治療も検査も看護もすべて同じ病院内で行われるのが普通だ。異なる事業者が別々にサービスを提供していてお互い意思疎通はできているのだろうか。桃子は少し心配になった。しかし、お婆ちゃんによると、ケアマネジャーという職業の人が、家族の相談にのってくれ、サービスを紹介してくれたり、サービスのコーディネーションをしてくれるという。先日も、ケアマネジャーと全ての介護事業者の代表、それに主治医が、サービス担当者会議といってお婆ちゃんの家に集まり、サービスの提供計画であるケアプランについて話し合ったそうだ。もちろん、伯父さん夫婦やお婆ちゃんも出席し、介護が

第一部　医療・介護を支える仕組み

必要になってもどのような生活をしたいのかについて話した。みんな、ハルさんだけでなく、伯父さん夫婦が仕事と介護を無理なく両立できるようサポートするにはどうすればよいか考えてくれたそうだ。

　医師も会議に参加しているんだ[1]。う〜ん、これはうかうかしてはいられないぞ。私も介護保険についてしっかり勉強しなくっちゃと思った桃子であった。そして、帰路の電車の中で、早速、介護保険について書かれた本を読みだした。

　以上は、介護が必要な状況や介護保険のサービスについてイメージ・関心をもってもらうために、桃子のお婆ちゃんハルさんの事例を紹介した。しかし、介護のあり方は家族の数だけあるといわれるように、介護が必要な程度だけでなく、家族構成、本人・家族の希望・ライフスタイルによって、サービスの利用の仕方も各家庭で異なる。また、桃子のお婆ちゃんの例では、登場していないサービスもある。以下では、まず、要介護者と家族介護者の現状について統計資料で概観した後、介護保険の仕組みについて解説する。

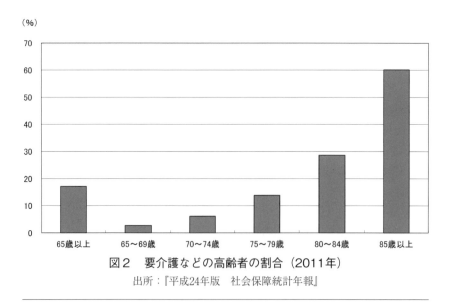

図2　要介護などの高齢者の割合（2011年）
出所：『平成24年版　社会保障統計年報』

---

1) サービス提供者会議には、主治医も参加することになっている。ただし、忙しい医師が毎回会議に参加することはできず、電話やファックスで済ましていることも多い。

2．統計から見る要介護者と家族介護者の現状

　介護を必要とする人の割合は高齢になるほど増える（図2）。その増え方は、高齢になるほど急速に増加する。65歳〜69歳の人のうち介護が必要な人の割合は2.7%であるが、80歳〜84歳では28.7%、85歳以上では60.2%である。2012年の日本人の平均寿命は男性79.4歳、女性86.4%。このことは、人は生涯の最後の一定期間に介護が必要になることが決して珍しくないことを意味する。

　図3、図4は、在宅で介護を受けて生活する人とその家族介護者を対象とした調査結果である。

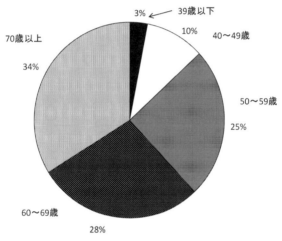

図3　同居の主な介護者の年齢階級別構成比
出所：『平成22年　国民生活基礎調査』

　図3は、介護を必要とする人と同居する主な家族介護者の年齢内訳である。60歳以上が62.0%であり、70歳以上も34.0%である。これより、老人が老人を介護するいわゆる老々介護がかなりの割合を占めていることがわかる。介護者が高齢である場合、介護者も健康問題を抱えていることが珍しくない。

第一部　医療・介護を支える仕組み

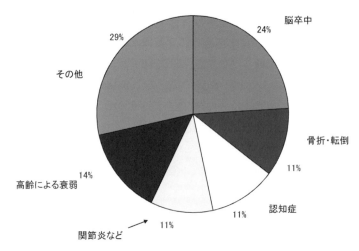

図4　主な原因別65歳以上の要介護者数及び構成割合
出所：『平成22年　国民生活基礎調査』

　図4は、介護が必要になった原因の内訳である。最も多いのは脳血管疾患。脳血管疾患は、いうまでもなく生活習慣病である。また、高齢による衰弱には、廃用性症候群も含まれる。そのため、介護が必要な状態を防ぐには、リハビリや予防が重要である。

3．介護保険のサービスを利用するには要介護認定が必要

　介護保険のサービスを利用するには、要介護認定を受けなければならない。医療保険と異なり、介護保険では保険料を納めていても、自立と判定されると自己負担だけで介護保険のサービスを受けることはできない。要介護認定の申請を市町村に対して行うと、市町村の保健師やケースワーカーなどが訪問して心身の状況を調査する（第一次判定）。その調査結果と主治医の意見書[2]をもとに、介護認定審査会が介護の必要度を判定する（第二次判定）。介護の必要度は、要支援1から要介護5までの7段階。図5は、介護の必要度別の状態像の

---

2)　主治医の意見書には、病名や治療内容のほか、介護の手間や状態の維持・改善可能性なども記入することになっており、その内容は、要介護認定だけでなく、介護サービスの提供計画であるケアプランにも反映される。

第２章　介護保険制度

目安と人数を示している。ちなみに、桃子のお婆ちゃんは要介護２である。

区分	状態像	人数(万人)	構成比(%)
要支援1	日常生活はほぼ自分で行うことができるが、現状の改善や悪化防止のた何らかの支援が必要	66	13.1
要支援2	日常生活に支援が必要であるが、介護保険のサービスを利用することで、現状の改善や悪化防止する可能性が見込まれる	67	13.2
要介護1	立ち上がりや歩行などが不安定であることが多く、日常生活の一部について部分的な介護が必要	91	17.9
要介護2	立ち上がりや歩行などが自力でできない場合が多く、排泄や入浴の一部または全部に介護が必要	90	17.7
要介護3	立ち上がりや歩行など自力でできず、排泄、入浴、着替えなどに、全面的に介護が必要なことが多い	70	13.8
要介護4	日常生活をおくる能力がかなり低下しており、生活全般にわたって全面的な介護が必要な場合が多い	64	12.6
要介護5	日常生活をおくる能力が著しく低下し、生活全般にわたって全面的な介護を必要とする度合が要介護4よりも多い	59	11.7
合計		506	100.0

図５　要支援・要介護の状態像の目安と人数

４．介護保険のサービス

　介護保険のサービスには様々なものがあり、桃子のお婆ちゃんの例では、登場していないものもある。表１では、介護保険のサービスを紹介している。ただし、紙片の制約上、すべてのサービスを紹介することはできない。関心のある人は、章末の最後にある参考文献・資料を読んで欲しい。

表１　主な介護保険のサービスの種類

訪問介護	訪問介護員が自宅を訪問し、生活上の手助けをしてくれる。身体介護（食事、入浴、排泄、移動などの介助）と生活援助（調理、掃除、洗濯、買い物など）の２種類がある。ただし、生活援助は日中、同居家族がいると利用できないことが多い。
デイサービス（通所介護）	デイサービスセンターで昼間の間、食事、入浴などの介助を受けられる他、体操、レクリエーションなどのサービスを提供してくれる。介護が必要なお年寄りにとっては外出の機会となり、家族以外の人とふれあう機会ともなる。介護者である家族にとっては、仕事と介護の両立の助けや息抜きとなる。
ショートステイ（短期入所生活介護）	介護する家族が体調を崩したり、出張や冠婚葬祭などで家を留守にする場合に介護が必要なお年寄りを１か月に連続30日まで預かってくれる。介護者の負担を軽減するために、定期的に利用することも多い。

29

第一部　医療・介護を支える仕組み

訪問看護	血圧測定や服薬チェックなどの健康管理、床ずれの手当てなどの診療の補助、リハビリなどをしてくれる。終末期には、訪問診療・往診と協力して看取り（ターミナルケア）に対応してくれる事業者もある。
福祉用具の貸与費用・購入費用	福祉用具の貸与費用・購入費用の9割が保険給付として認められている（給付には上限があり、年間10万円まで）。
住宅改修費の支給	手すりをつけたり段差を解消するなどの住宅改修にかかった費用の9割が保険給付として認められている（給付には上限があり20万円まで）。
特別養護老人ホーム（介護老人福祉施設）	入居者の大半は、在宅生活ができなくなった重度の要介護者で認知症がある。医師は非常勤であるが、最近は、看取り（ターミナルケア）を行う施設も増えてきた。都市部では数が足りず、入居申請しても入れない待機者が多いことが問題となっている。
老人保健施設	病院を退院後、介護だけでなく、リハビリや看護を受けながら在宅生活に戻る準備をする中間施設との位置づけ。ただし、実際には、退所先は在宅だけでなく、特別養護老人ホームのような施設であることも珍しくない。
介護療養型医療施設	病状は安定しているが、長期療養が必要で、自宅での介護や看護が難しい人が利用する施設。ほぼ同じ目的の医療保険が適用される療養病床を持つ病院もある。
グループホーム（認知症対応型共同生活介護）	認知症の人が9人以下の人数で家庭的な落ち着いた雰囲気で暮らす。それにより、認知症の人の精神状態が安定し、様々な不適応行動（徘徊、暴力など）が減ることが報告されている。入居者には、自分でできることは自分でしてもらう生活リハビリを行うことで、残存能力の維持につとめている。グループホームは、特別養護老人ホームのような従来型の大規模施設の反省からでてきた。しかし、最近では、特別養護老人ホームでも、個室ユニットケアといって、施設内の生活単位を少人数にする方式が広まってきている。これは、特別養護老人ホームの施設内を幾つかに区切ってグループホームのようなケアをする試みといってよいだろう。

要支援の人は、特別養護老人ホーム、老人保健施設、介護療養型医療施設は利用できない。

5．介護サービスの値段と自己負担

　介護サービスの値段は、医療サービスと同様、大半が公定価格である。図6は、介護の必要度別の介護保険サービス受給者1人当りの1か月介護サービス費用額を示している。中重度である要介護度3以上では、月額20万円を超えている。介護サービスは、医療と比べると受ける機会は少ない。しかし、図6は、一度、要介護状態になって介護サービスを受けることになると多額の費用がかかることを示している。しかも介護サービスは長期にわたって受け続けることが普通である。とてもじゃないが、全額自己負担できる金額ではない。そ

第 2 章　介護保険制度

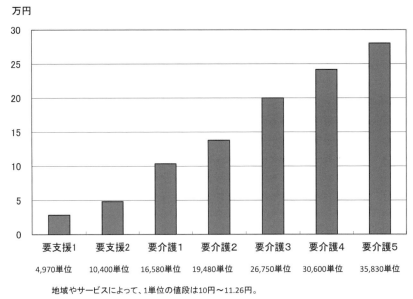

図 6　介護保険サービス受給者 1 人当たり 1 か月費用額（2012年）
出所：『介護給付費実態調査　2012年 5 月審査分』

れでは介護保険サービスの自己負担は、どうなっているのだろう？
　自己負担は原則 1 割。ただし、施設サービスの食費と部屋代は給付の対象外で、金額は施設との契約で決まる。デイサービスなどの食費も同様である。医療保険の高額療養費制度のように、自己負担が高くなり過ぎるのを防ぐため、自己負担には上限がある。なお、介護保険の給付には、介護の必要度に応じて支給限度額がある。支給限度額を超えてサービスを受けると、超えた分は全額自己負担になる。図 6 の下段には、支給限度額を示している。介護サービスの値段である介護報酬や支給限度額は単位であらわされる。介護サービスの値段は、サービスの種類、介護の必要度、利用する時間の長さ、地域などによって異なる。医療保険では診療報酬は全国どこでも 1 点が10円であるが、介護保険では、人件費や物価を考慮して、地域やサービスの種類によって 1 単位の値段は11.26円～10円と幅がある[3]。

3）　サービスの種類によって 1 単位の値段が異なるのは、サービスの種類によって人件費の割合が異なるからである。訪問介護のように人件費の割合が高いサービスは、都市部では人件費が高

第一部　医療・介護を支える仕組み

6. 介護保険の加入者と保険料

　桃子は、自分の医療保険の保険証を持ち、これまで保険証を使って医療機関にかかったことがある。そのため、当然、自分が医療保険に加入していることは知っていた。大学でも、日本は全ての人がいずれかの公的な医療保険に加入する皆保険体制であるとならった。しかし、桃子は介護保険の保険証を持っていない。お爺ちゃん、お婆ちゃんは、介護保険の保険証を持っており、年金から保険料が徴収されているという。介護保険は誰が加入し、保険料はどのように決まるのだろう？さらに、保険というからには、保険の運営主体である保険者もあるはずだ。介護保険の保険者は？

　介護保険の保険者は、住民に一番身近な地方自治体である市町村。被保険者（加入者）は、65歳以上の第1号被保険者と40歳から64歳までの第2号被保険者からなる。第1号被保険者も第2号被保険者も所得の高い人ほど保険料が高い応能負担であるという点は、公的な医療保険と同じ。しかし、具体的な保険料の決まり方や、サービスの受給要件は異なる。

　介護費用から利用者負担を除いた残りが保険からの支払いで給付費という。その財源構成は公費が50%、保険料が50%である。公費とは、税金で国や自治体の負担である。

　第1号被保険者の保険料は所得段階別の定額で、所得が高い人ほど保険料が高くなる。保険料は、原則として年金から天引き徴収される。所得段階は基本6段階だが、再分配効果を高めたり、よりきめの細かい所得再分配を行うため、6段階より多く所得段階を設定している市町村も多い。表2は桃子の住む岡山市の第1号被保険者の介護保険料である。なんと12段階もある。保険料の額は市町村によって異なり、介護保険のサービスの消費額が多い市町村ほど保険料は高くなる。これは、受益者負担の考え方といっていいだろう。ただし、そのまま計算すると、介護が必要な後期高齢者（75歳以上の人）が多い市町村や低所得の人が多い市町村に住む人は、保険料の負担が重くなってしまう。そこで、そのようなことが起こらないように調整するため、財源の公費負担分の5%が調整交付金として使われる。調整後の保険料をみると、岡山市の基準額

　いため1単位の値段が高い。

第2章　介護保険制度

（月額）は5,520円であり、全国平均の4,972円より高い。

　第2号被保険者の保険料は、加入する公的な医療保険の保険料と同じ形式で徴収される。たとえば、お勤め人で健康保険に加入している人は報酬比例で算定され、半分は会社が負担し、お給料から天引き徴収される。第2号被保険者の保険料率は、協会けんぽで、2013年度は1.55％である[4]。後で聞くと、桃子の父母は、会社の毎月のお給料から介護保険の保険料を徴収されているそうである。

　保険料で負担する50％のうち、21％を第1号被保険者が負担し、29％が第2号被保険者の負担である[5]。この21％と29％という割合は、日本全国の第1号被保険者と第2号被保険者の割合によって定められている。高齢化が進むと第2号被保険者の人数割合が減り、それに応じて第2号被保険者の負担割合も減る。そのため、高齢化が進んでも1人当りの平均保険料の額は、第1号被保険者と第2号被保険者でほぼ同じになる。これは、高齢化によって、世代間で保険料の負担が拡大しないようにする仕組みである。

　第1号被保険者は、介護が必要となった原因に関わらず、介護が必要であれば介護保険の給付が受けられる。しかし、第2号被保険者については、脳血管疾患や認知症など、加齢にともなって生じる特定の16の病気が原因の場合のみ、介護保険の給付が受けられる。たとえば、交通事故などによって介護が必要になった場合は、第2号被保険者は介護保険の給付を受けることができない。その場合は、障害者総合支援法に基づく社会福祉制度によって給付を受けることになる。桃子など40歳未満の人は、介護が必要になった場合は、介護が必要になった原因に関わらず、障害者総合支援法に基づく社会福祉制度による給付を受けることになる[6]。年齢によって、なぜこんな区別があるのだろう？何だかややこしいな、と桃子は思った[7]。

---

4)　ちなみに、医療保険である協会けんぽの同年の保険料率は全国平均で10.00％である。

5)　ただし、個々の保険者の財源をみると、第1号被保険者の負担分は、調整交付金が多いと21％より少なくなり、少ないと21％より多くなる。

6)　障害者総合支援法に基づく給付には、職業訓練など、介護保険にはないサービスもある。

7)　年齢や介護が必要になった原因によって、対応する制度が異なるのは、合理的な理由よりも制度設立時の様々な関係者の利害調整の結果によるところが大きい。諸外国では、年齢や介護が必要になった原因によらず、同じ制度で介護サービスを提供している国の方が一般的である。

第一部　医療・介護を支える仕組み

表2　岡山市の第1号被保険者の介護保険料

保険料段階	対象		保険料算定方法	保険料月額	人数（人）	人数・内訳（％）
第1段階	生活保護受給者など		基準額×0.5	2,760円	4,764	3.0
第2段階	世帯全員が市民税非課税	本人の課税年金収入額＋合計所得金額≦80万円	基準額×0.5	2,760円	23,876	14.8
第3段階		80万円＜本人の課税年金収入額＋合計所得金額≦120万円	基準額×0.7	3,864円	12,671	7.9
第4段階	本人が市民税非課税で世帯の中に市民税課税者がいる	120万円＜本人の課税年金収入額＋合計所得金額	基準額×0.75	4,140円	13,054	8.1
第5段階		本人の課税年金収入額＋合計所得金額≦80万円	基準額×0.85	4,692円	20,655	12.8
第6段階		80万円＜本人の課税年金収入額＋合計所得金額	基準額	5,520円	21,328	13.2
第7段階	本人の市民税課税（合計所得金額）＜125万円		基準額×1.2	6,624円	21,074	13.1
第8段階	125万円≦本人の市民税課税（合計所得金額）＜190万円		基準額×1.25	6,900円	17,887	11.1
第9段階	190万円≦本人の市民税課税（合計所得金額）＜400万円		基準額×1.5	8,280円	18,621	11.6
第10段階	400万円≦本人の市民税課税（合計所得金額）＜600万円		基準額×1.75	9,660円	3,132	1.9
第11段階	600万円≦本人の市民税課税（合計所得金額）＜800万円		基準額×2.0	11,040円	1,288	0.8
第12段階	800万円≦本人の市民税課税（合計所得金額）		基準額×2.25	12,420円	2,645	1.6
合計					160,995	100.0

課税年金収入額：老齢年金は課税対象であるが、遺族年金や障害年金は非課税である。年金について詳しく知りたい人は、巻末で紹介している『はじめての社会保障』を参照。

公的年金しか収入がない場合、年収155万円以下なら市民税は非課税。市民税の課税基準についてより詳しく知りたい方は、岡山市のHPを参照。

7. 介護保険の課題
増え続ける介護費用をどうするか？

　図7は、介護費用と介護保険料の推移を示している。介護費用は、介護保険の給付と利用者負担の1年間の合計である。介護保険が始まった2000年度に3.6兆円であった介護費用は、2013年度には9.4兆円に達し、2.5倍以上になった。その結果、多くの自治体では保険料の水準を引き上げざるを得なくなった。第1号保険者の保険料は3年に一度見直される。第1期（2000〜2002年）に2,900円だった第1号被保険者の保険料の全国平均月額は、第5期（2012〜2014年）には4,972円まで上昇した。そのため、介護費用の伸びを抑制することが大きな政策課題となっている。介護保険が始まってから利用者が急増したが、その多くは軽度の人であった。軽度の人が要介護状態になった理由は、廃用性症候群が多い[8]。また、図6で見たように、重度の人ほど介護費用がかかる。そこで、2006年度から、軽度の人たちが重度化しないように、軽度の人を対象とした新しいサービス（筋力トレーニング、栄養指導、口腔ケアなど）の

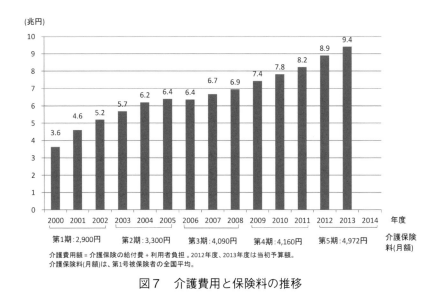

図7　介護費用と保険料の推移

8）重度の人が要介護状態になった理由としては、脳血管障害が多い。

第一部　医療・介護を支える仕組み

提供が始まった。それらのサービスが当初想定した効果をあげているかについては、人によって意見がわかれる。しかし、介護分野は、製造業のように技術革新によってコストを大幅に下げることは難しい。そのため、今後もより効果の高い介護予防の方法を考案する努力が必要だ。

地域包括ケアシステムの構築

　介護が必要な程度が軽い場合は、介護保険のサービスを使って自宅で独り暮らしをすることもできる。しかし、障害が重い人が自宅での生活を続けるには、介護保険のサービスだけでは難しく、家族の介護も必要だ。桃子のお婆ちゃんの介護も朝夜は、伯父さん夫婦が行い、週末には桃子のお母さんが助っ人に行くこともある。介護サービスの事業所は、週末は休みのところも多いからだ[9]。もしも、桃子のお婆ちゃんが一人暮らしだったら、自宅での生活を続けるのは難しかったかもしれない。たとえ一人暮らしができたとしても、突然の体調不良が生じた場合などを考えると、随分不安であろう。また、介護保険の訪問介護だけでは、生活に必要な家事や手続きなどを全て行うことはできない[10]。しかし、今後も家族の介護力が低い高齢者夫婦のみの世帯や高齢者の独居世帯は増え続ける。そこで、現在、中重度の要介護者が住み慣れた地域での生活を続けることができるように、住まい・医療・介護・予防・生活支援が一体的に提供される地域包括ケアシステムの構築が目指されている。地域包括ケアシステムについては、「第5章　医療政策における地域医療」でより詳しく述べられている。地域包括システムは、医療や介護関係者だけでなく、住民や自治体が顔の見える関係を作って、地域特性に応じた仕組みを自分たちで作っていく必要がある。医療保険や介護保険は、地域包括ケアシステムの重要な土台の一部であり、関係するすべての人がその基本的な仕組みと現状について知っておく必要がある。本章がその一助になれば幸いである。

---

9)　それに加え、介護は、同居家族以外もできる範囲で分担することが大切だ。

10)　たとえば、預金の引き出しなどは、訪問介護員に頼むことはできない。

第2章　介護保険制度

さらに学びたい人のために

椋野美智子・田中耕太郎『はじめての社会保障』有斐閣

　　本章よりも制度に関する説明が詳細。施設サービスを利用する低所得者に対する補助や権利擁護など、本章では紙片の制約上取り上げなかったトピックスも多数取り上げられている。また、この教科書では扱っていない年金・生活保護・労働保険・社会福祉の制度についても解説している定評のある社会保障の教科書でもある。毎年改訂され、最新の制度状況と数字を知ることができるのも魅力的。

國光登志子（2007）『図解　介護保険の上手な利用術』，主婦と生活社

　　介護保険のサービスおよびその利用方法について多様な具体例を用いてわかりやすく解説している。主に自宅で介護保険のサービスを利用しながら生活する人を対象に書かれている。

認知症について

　本章では紙片の制約から認知症については触れることはできなかった。しかし、厚生労働省の調査によると、2012年時点の認知症の人の数は462万人にものぼる。これは同年の65歳以上の高齢者3,079万人の15%を占める。さらに、認知症になる可能性がある軽度認知障害（MCI）の高齢者も約400万人いると推計され、65歳以上の4人に1人が認知症とその"予備軍"ということになる。高齢化が進むにつれ、認知症の人の数や割合は今後も増加することが見込まれる。介護に直接携わっている介護従事者や家族介護者だけでなく、すべての人が認知症についての正しい知識と理解をもつことが必要だ。もちろん医療者も必須である。認知症の患者さんにどう接すればいいのだろう？適切に接することができなければ治療できない[11]。また、初期の認知症は医療者が気づくことも多い。認知症については、老年医学や老年介護などの講義で学ぶであろうが、映像資料等について学ぶとよりイメージがわき講義に対する関心も高まるだろう。岡山大学付属図書館には、認知症に関する以下の映像資料がある。

11）病院によっては、認知症の患者の言動に適切に対応できず退院を迫ったり、手足を縛るなどの身体拘束をするところもある。国の認知症推進施策5か年計画（オレンジプラン）（2013年度〜2017年度）では、かかりつけ医認知症対応力向上研修や認知症サポート医養成研修の受講者数の目標数が掲げられている。

37

第一部　医療・介護を支える仕組み

『折り梅』

　　認知症の人とその家族を扱った映画。後半部分がやや美しく描かれ過ぎていると感じる人もいるかもしれないが、認知症の症状や認知症の人の気持ちを知ることができる良い教材である[12]。

「お婆ちゃんどうしたの？」

　　認知症の人と家族の会のホームページに掲載されている認知症について学べるコーナー。子ども向けであるが、認知症の症状や認知症の人への接し方がわかりやすく、『折り梅』を観る前に事前に観ておくと映画の理解が深まる。

『グループホームの実践から学ぶⅠ　グループホームで創る生活』
『グループホームの実践から学ぶⅡ　ぼけてもその人らしく』

　　優秀教材映像選奨・最優秀文部科学大臣賞受賞作。本章では、施設サービスなど自宅以外で介護を受けて暮らすことについて解説できなかった。自宅以外で介護を受けて暮らす場所には様々なものがあるが、上記のビデオは、グループホームを舞台に、認知症になって自宅以外で暮らす場所の望ましいあり方を教えてくれる良い教材である。

---

12) 一昔前までは、認知症になると何もわからなくなると考えられ、介護現場でも認知症の人の気持ちに配慮しないケアが行われることが多かった。

第二部　医療政策・地域医療学

第1章　地域医療とはなんだろうか

片岡仁美

はじめに

　昨今「地域医療」というキーワードが注目されている。全国の大学では地域医療を担う医師を育成することを目的とした地域枠制度が導入され、地域枠等の制度を導入している大学及び募集人員は年々増加している（2013年度における導入大学68大学、募集人員1,425人）。同様に地域医療に関する寄附講座も57大学（72%）で設置されている。また、2009年度より国の補正予算において地域の医師確保、救急医療の確保など、地域における医療課題の解決を図るため、各都道府県に地域医療再生基金が設置された。同基金は病院毎（点）への支援でなく対象地域全体（面）での支援を目的とし、同基金によって大学医学部の地域枠策定や地域医療を担う寄附講座の開設を行う自治体も多く見られている。現在大きな関心を集めている地域医療であるが、その概念と歴史、今後の展望について概説する。

1　地域医療の概念

　Community Medicine（地域共同体を基盤とした医療サービス）が地域医療の原語だとされるが[1]、現在なお医療関係者の間においてもその定義は定まっていないとされる。これまで、「公衆衛生と臨床医学活動の合体するところに地域医療の概念が成立する」[2]という考え方や、「人々の生活と生存を支えるための医療のシステム」[3]といった概念が提唱され、1980（昭和55）年に開催された第1回地域医療研究会においては、「医療・保健・福祉が連帯した包括医療の概念」が、地域医療の定義として用いられた。2009年に本邦で初めて地域医療学のテキストとして発刊された『地域医療テキスト』では、地域医療は「地域住民が抱える様々な健康上の不安や悩みをしっかりと受け止め、適切に対応するとともに、広く住民の生活にも心を配り、安心して暮

39

第二部　医療政策・地域医療学

らすことができるよう、見守り、支える医療活動である」と定義されている[4]。また、同様に「保健・医療・福祉の各分野の枠を超えて、地域社会の構成員の健康問題・疾病と向き合い、生活の質の向上を図ること」という定義もある[5]。

　このような背景から「地域医療」という用語を用いるメディアや一般住民がその用語をどのように捉えているかを知ることは、地域医療の啓発あるいは相互理解に欠かせないとして、新聞の医療報道に焦点を当てた分析も行われている[6]。2009年から10年の7か月間において日本能率協会総合研究所マーケティング・データ・バンク運営のELデータベースを利用した新聞96紙の解析において、期間中に57紙で「地域医療」という見出し記事が掲載され、その数は397に上った。分析可能な391記事を対象別にカテゴライズしたところ、8つに分類された（表1）。特定の病院を対象とした記事が126件（32%）と最多で、行政・医師会を対象とした記事が101件（26%）、医療関係者や医学生を対象とした記事が61件（16%）であった。また、「地域医療」という用語の使われ方は8つのカテゴリーに分類された（表2）。最も多い使われ方は都道府県や市町村、あるいはある医療機関を受診する患者が住むエリアといった地理的に区切りをつけることのできる範囲内で行われる医療が211件（54%）であり、具体的

表1　「地域医療」という見出し語のある記事391件の対象（出典 文献6）

カテゴリー（記事の件数）	カテゴリーの内容
病院（126件）	特定の病院を対象とした記事
行政・医師会（101件）	国，都道府県，市町村という行政が対象の記事，あるいは医師会が対象の記事
医療者・医学生（61件）	病院や診療所に勤務する医師などの医療関係者が対象の記事，あるいは医学生を対象とした記事
大学・医学部（32件）	医科大学や大学医学部を対象とした記事
患者・住民（29件）	1人あるいは複数の患者を対象とした記事，あるいはある地域の住民を対象とした記事
啓発事業（18件）	フォーラムや講演会などの啓発事業を対象とした記事
診療所（12件）	診療所を対象とした記事
その他（12件）	上記7区分に含まれない場合，例えばシステム構築業者，企業，臨床検査センターなどが該当した

表2 「地域医療」という見出し語のある記事391件における「地域医療」という用語の使われ方（出典 文献6）

カテゴリー（記事の件数）	用語の使われ方
特定地域の医療（211件）	都道府県や市町村あるいはある病院を受診する患者が住むエリアといった地理的に区切りをつけることができる範囲があり，その範囲内で行われる医療を指す
身近な医療（101件）	大学病院や専門病院で行われる医療ではなく，どんな健康問題でも受診しやすい医療を指す
システム（23件）	電子カルテなど医療を構築するための仕組みを指す．医師確保もこのカテゴリーに加えた
総合医の医療（21件）	「地域住民の要望に応え様々な業務に対応できる医師（総合医）」が行う医療
固有名詞の一部（14件）	「地域医療センター」など建築物の名称の一部に使われている場合と定義した
開業医の医療（11件）	開業医の医療とともに診療報酬もこのカテゴリーに加えた
病院の医療（6件）	厚生連や日本赤十字などの特定の病院での医療を指す
医療（制度，行政を含む）（4件）	医療制度や法令など医療全般を指す

には45％が都道府県、20％が市区町村を範囲として想定していた。続いて、大学病院や専門病院で行われる医療ではなくどんな健康問題でも受診しやすい医療が101件（26％）、医療を構築するためのしくみ、医師確保が23件（6％）、地域住民の様々な要望に応え、様々な業務に対応できる医師（総合医）が行う医療が21件（5％）であった。また、「地域医療」という見出しのある新聞記事の対象と用語の使われ方との関連については、対象の58％を占めた「病院」「行政・医師会」のうち60％は「特定地域の医療」に当てはまった。さらに、同報告では一般住民における「地域医療」のイメージについて分析しているが、「へき地医療」「特定地域での医療」といった地理的な場所や病院での医療から「身近な医療」に近い内容まで多岐にわたるイメージで捉えられていることがわかった。同報告では、「地域医療」という用語についてメディア関係者、医療関係者、一般住民など立場の異なる人々が様々な意味で用いている可能性が高いこと、今後用語の定義の統一が望ましいことが指摘されている。

第二部　医療政策・地域医療学

　また、岡山大学では2010年に医学科１年生115人（回収数109、回収率94.7%）を対象に地域医療の定義をせずに「地域医療に対するイメージ」を問うアンケートを行ったが、「先端医療から遅れている」に52人（48%、有効回答数109）、「体力的に負担」に104人（96%、有効回答数108）、「やりがいがある」に102人（94%、有効回答数108）がそれぞれ賛同するという結果であり、その回答からは学生は地域医療を医師不足地域での医療と捉えている可能性が示唆される。「地域医療」は超高齢社会となる現代の日本において今後もますます注目され、必要とされるものであり、その重要性は更に増してくると考えられる。だからこそ、地域医療の定義を確立、共有し、学問的な探究と地域医療を基盤とした教育を行うことは喫緊の課題である。

2　地域医療の歴史

　前段で「地域医療」の定義が未だ統一されていないことを述べたが、改めて地域医療の歴史の視点から見直してみたい。地域医療の歴史について考えるうえで、まずわが国の医療保険の歴史について概説する。

　わが国の医療保険は、1922（大正11）年に制定されて、1927（昭和２）年に全面施行された健康保険から始まる。しかし、その適用となる被保険者は、工場や鉱山、交通業などの事業所で働く従業員本人のみを対象としていたために、人口の3.0%にとどまっていた[7]。1937（昭和12）年には保健所法が公布され保健婦（現在の保健師）の育成が始まった。1938（昭和13）年には厚生省（現在の厚生労働省）が設置され、同年国民健康保険法が制定された。その結果、1939（昭和14）年の医療保険適用人口は9.9%となり、1943（昭和18）年の適用人口は74.6%まで拡大された（第一次国民皆保険時代）。同法は、先進国に前例のある被用者保険と異なる日本特有の地域保険であり、その意義は大きかった。国民健康保険の誕生は、日本の医療保険が労働者（被用者）のための社会保険の域を脱し国民全般を対象に含むこととなり、戦後の国民皆保険制度の基礎が戦前のこの時期に作り上げられたことを意味する[8]。

　しかし、第二次世界大戦中から終戦直後にかけて日本の社会と経済の混乱によって国民健康保険制度も崩壊の危機に瀕した。特に、農業、自営業などに従事する人々を中心に国民の約３分の１は医療保険の適用を受けていなかったた

め、これらの人々をカバーする医療保険の導入は急務であった[9]。当時の農村の状況については、「往診など頼もうものなら一年分の米代金の半分がとんでしまった。だから、農民たちは医者に往診を頼むことを「医者をあげる」と言い、これは「芸者をあげる」とおなじ意味で、大いなる散財を意味する言葉として使われていたのだった」という記載がある[10]。1958（昭和33）年に新しい「国民健康保険法」が制定され、1961（昭和36）年４月にすべての国民を対象とする国民皆保険制度がスタートした。「誰でも、どこでも、いつでも」同じ質の医療を低額の自己負担で受けられる、極めて高い公平性を有するシステムである国民皆保険はこのように確立されていったのである。

　わが国の地域医療について述べるとき、パイオニアとして特筆すべき人物は若月俊一であろう。若月は、1945（昭和20）年、前年に長野県農業会立病院として開設された佐久総合病院に赴任した。前述のように農民にとって医療が身近なものではなかった時代、地域において、若月は精力的な活動を展開した。「住民のニーズがあればなんとかそれに応えようとする」姿勢が基本にあった。赴任してすぐに外科医としての腕を奮う一方で、病気の早期発見と予防のためには自ら村に入っていくしかないと考え、病院内に劇団部を設立し、出張診療活動も開始した。劇団部は演劇を通じて予防医学を分かりやすく説明するもので、診療と共に予防のための啓蒙活動を重要視したのである。出張診療は1959（昭和34）年の八千穂村（現佐久穂町）全村健康管理、さらに1971（昭和46）年に開設された健康管理センターを中心にした長野県一円をカバーする集団健康スクリーニングに発展していく。住民全員の健康管理を定期的に行うことで病気を未然に防ぎ、結果として地域全体の医療費を低下させることを実証した八千穂村全村検診は、日本が世界に先駆けて制度化した住民検診制度の手本となったものであり、予防医学の重要性を示した革新的事業であった。

　また、若月は「農村医学会」を設立したことでも知られる。1952（昭和27）年に開催された第一回日本農村医学会での会長挨拶では以下のように述べている（抜粋）。「農村医学という学問が果たして存在するかどうか。私たちは、このような質問に対してただ次のように答えれば十分だと思います。現在日本の農村において医療と衛生の問題が時にうちすてられてあること。そして何よりも、医療にめぐまれない農民がそれを要求していること。私たちの学問は、単

第二部　医療政策・地域医療学

に「学問のための学問」ではない。あくまで農民の生活をよくし、その生産を増進させ、その生命を守るための学問であり研究であること。「農民のための」現実的な要求から立ち上がった本学会は、医者のみでなく、医療の事務経営を扱う人も保険事業を行う人も、看護婦も、保健婦も、すべてをあげて、現在、見捨てられている日本の農村の医療と厚生問題解決のために、学問的に手をとってやっていこうと云うわけです。したがって、そのような学問が、また著しく多面的で実践的な性格をもつことも、私たちの学会の特徴の一つかと考えます。」ここで、会長の若月自身が農村医学という学問が存在するか、という疑問を意識しているのは興味深い点でもある。実際、農村医学会に対して「医学には都市も農村もない」という反対意見は当初からあったという。しかし、「農村」を「地域」に、「農民」を「住民」と置き換えてみると、どうであろうか。住民のニーズに応え、住民の医療と衛生のレベルを地域全体で向上させること、また、医師のみならず全ての業種が手を取り合って、多面的実践的な活動を行うことが大切である、と述べているように解釈できる。これは「地域住民が抱える様々な健康上の不安や悩みをしっかりと受け止め、適切に対応するとともに、広く住民の生活にも心を配り、安心して暮らすことができるよう、見守り、支える医療活動である」という地域医療の定義にも直結する。若月は後年（82歳時）次のように発言している。「私どもが農村医学を研究するいちばんのモチーフは、いまの言葉でいうと、コミュニティ・メディシン、地域医療を守ろうということなのです。いままでの医学や医療が地域に密着していなかった。とかく医学は医学として浮き上がっていた。医者はそれを住民に「与える」というかたちだった。そうでない、地域の住民自身の医学をつくりたいというのが、この問題のいちばん底にある私の考えです。[10]」

　また、同時期に地域医療のモデルケースになったのが、岩手県沢内村（現西和賀町）における乳幼児死亡撲滅事業である。沢内村は「貧困・多病・豪雪」といった困難を抱え、1957（昭和32）年に出生1,000人あたり70人死亡という高乳幼児死亡率であった。しかし、深沢村長を中心に行政、住民、医師、保健婦が一体となり「生命を守る」ための様々な活動を展開した。乳幼児健診や啓蒙活動は、1962（昭和37）年には全国に先駆けての乳児死亡率ゼロという画期的な記録の達成に繋がり、その後も幾度となく乳児死亡率ゼロを記録している。

さらに、全村民の生命を守るために、健康の増進、予防、検診、治療、社会復帰まで一貫した地域包括医療体制を築き上げた。

このように、「誰でも、どこでも、いつでも」同じ質の医療を低額の自己負担で受けられる、という日本の保健医療制度が確立する前、わが国には大きな医療提供体制の格差があった。しかし、最も過酷な状況にあったと考えられる農村や豪雪地帯において革新的、先進的な取り組みが行われたことは特筆すべきことであり、これらの取り組みは現在でも地域医療のモデルケースとなっている。この二つの事例には先見性と患者・住民への共感、また、住民が医療の受け手ではなく主役になるという考え方が共通していると考えられる。

3 地域医療とプライマリ・ケア

一方、若月は、「医療はすべからく地域医療であるべきで、地域を抜きにした医療はありえない。あえて地域医療というのはいかに地域がないがしろにされているかということの裏返し」と述べている。住民の生活に密着し、そのニーズに応え、支える医療活動を表す概念として当てはまるのがプライマリ・ケアの概念である。

世界保健機関（WHO：World Health Organization）のアルマ・アタ宣言（1978年）においてプライマリ・ヘルスケアは、以下のように述べられている。「プライマリ・ヘルスケアとは実践的で、科学的に有効で、社会に受容されうる手段と技術に基づいた、欠くことのできないヘルスケアのことである。これは、自助と自己決定の精神に則り、地域社会または国家が開発の程度に応じて負担可能な費用の範囲で、地域社会の全ての個人や家族の全面的な参加があって、はじめて広く享受できうるものとなる。（中略）プライマリ・ヘルスケアは、国家保健システムと個人、家族、地域社会とが最初に接するレベルであって、人々が生活し労働する場所になるべく接近して保健サービスを提供する、継続的な保健活動の過程の第一段階を構成する。」また、米国国立科学アカデミーのプライマリ・ケアの定義は以下の通りである。「患者の抱える問題の大部分に対処でき、かつ継続的なパートナーシップを築き、家庭及び地域という枠組みのなかで責任を持って診療する臨床医によって提供される総合性と受診しやすさを特徴とするヘルスケアサービスである。」さらに、わが国の日

第二部　医療政策・地域医療学

　本プライマリ・ケア連合学会は「プライマリ・ケアとは、国民のあらゆる健康上の問題、疾病に対し、総合的・継続的、全人的に対応する地域の保健医療福祉機能と考えられる。」と説明している。また、プライマリ・ケアの特徴を理解するために有用な5つの理念を示している[11]（表3）。

　Accessibility（近接性）、Comprehensiveness（包括性）、Coordination（協調性）、Continuity（継続性）、Accountability（責任性）を兼ね添えた医療とは、まさに「地域住民が抱える様々な健康上の不安や悩みをしっかりと受け止め、適切に対応するとともに、広く住民の生活にも心を配り、安心して暮らすことができるよう、見守り、支える医療活動である」という地域医療の特徴と一致している。プライマリ・ケアを行う医師（プライマリ・ケア医）の活動は保健・医療・福祉の全体を視野に入れる。保健活動は行政の保健・医療担当者や職場・学校の担当者との連携のもと、主に一次予防活動を行う。福祉活動においては介護・福祉領域の担当者と連携する（協調性）。「21世紀プライマリ・ケア序説　改訂版」には、「プライマリ・ケアは個人、家族、地域の三層をケア

表3　プライマリ・ケアの5つの理念（出典 文献11）

Ⅰ．Accessibility（近接性）	1. 地理的 2. 経済的 3. 時間的 4. 精神的
Ⅱ．Comprehensiveness（包括性）	1. 予防から治療，リハビリテーションまで 2. 全人的医療 3. Common disease を中心とした全科的医療 4. 小児から老人まで
Ⅲ．Coordination（協調性）	1. 専門医との密接な関係 2. チーム・メンバーとの協調 3. Patient request approach（住民との協調） 4. 社会的医療資源の活用
Ⅳ．Continuity（継続性）	1. 「ゆりかごから墓場まで」 2. 病気の時も健康な時も 3. 病気の時は外来－病棟－外来へと継続的に
Ⅴ．Accountability（責任性）	1. 医療内容の監査システム 2. 生涯教育 3. 患者への十分な説明

し、その範囲は保健、医療、福祉を包含している」、とする概念図が提示されている（図1）[12]。すなわち、地域医療とプライマリ・ケアの基本的な役割は同じで、プライマリ・ケアを行う場所として地域という単位で捉えている、という見方もできる[4]。

プライマリ・ケアの古典的研究として、Whiteらが患者の受療行動を調べたものがある[13]。成人1,000人の1か月間の解析において、1回以上何らかの体調不良を訴える人が750人。そのうち医療機関を受診するのは250人、そのうち入院を要する人は9人で、うち大学病院に紹介になる人は1人であるとするものだ。わが国でも同様の解析が行われており、1,000人の1か月間の観察で、862人が症状を有し、307人が医療機関を受診、うち232人が開業医、88人が病院の外来、49人が代替医療、10人が救急外来を受診。7人が一般病院に入院、6人が大学病院の外来を受診、3人が在宅診療、0.3人が大学病院に入院という結果であった[14]（図2）。これらのデータからは、大学病院や救急外来には有症状の患者のごく一部が受診するのみであり、プライマリ・ケアはより住民に近い距離でより広い範囲のニーズに対応していることがわかる（近接性、包括性）。プライマリ・ケアと高次医療は互いに異なる特徴と役割を持ち、そのいずれもが切れ目ない医療の提供のためには必要である。

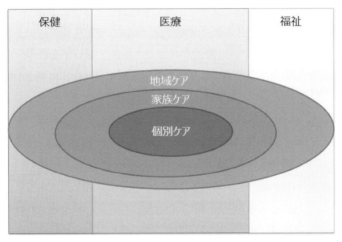

図1　プライマリ・ケアの概念（出典 文献12）

第二部　医療政策・地域医療学

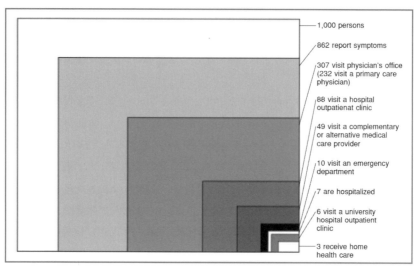

図2　わが国の一般住民における健康問題の発生頻度と対処行動（出典　文献14）

　日本プライマリ・ケア連合学会は2010年にプライマリ・ケアに関連する3学会が連合する形で新たな一歩を踏み出している。1963年開業医有志により「実地医家のための会」が発足し、それをもとに1979年に日本プライマリ・ケア学会が設立された。一方で、プライマリ・ケアにおける専門医としての家庭医育成・支援を理念に掲げた日本家庭医療学会（1986年家庭医療学研究会として発足、2002年設立）、および、診療所だけでなく病院においても総合診療を行う医師が必要であることを提唱する日本総合診療医学会（1993年総合診療研究会として発足、2000年設立）が誕生し、それらが2010年に連合学会となった。また、プライマリ・ケア医の育成については、2009年に家庭医療専門医の1期生14名が認定され、現在では291名が認定されている。また、2017年度には新しい専門医制度で総合診療専門医が創設され、19番目の基本領域専門医となる予定である。それを見据えた家庭医療専門医の後期研修プログラムの改訂も2014年度から行われる。研修先の施設要件を厳しくしたり、救急科での研修を必修化したり、といった内容で、総合診療専門医に求められる研修内容を見越した対応である。このように、プライマリ・ケアを担う医師の育成について、その

48

制度と環境はこれまでにない大きな流れで変わりつつある。このことも、専門分化し過ぎた現代医療の諸問題の解決と、超高齢社会において一層必要となる生活に密着した包括的医療を求める機運とが重なり合った社会の要請によるものであるといえよう。

4　プライマリ・ケアの教育と地域基盤型教育

　プライマリ・ケアとそれを担う医師の育成の重要性が認識され、専門医制度についても確立しつつある現状について述べたが、卒前教育・卒後臨床研修においてもプライマリ・ケアを重視する機運が高まっている。医師の卒後臨床研修制度は2004（平成16）年から義務化されたが、「医師としての人格の涵養とプライマリ・ケアの基本的診療能力の習得」が理念として掲げられ、必修診療科として内科、救急、外科、精神科、産婦人科、小児科などに加えて地域保健・医療（1か月以上）が組み込まれた。また、同制度は2010（平成22）年に見直しが行われ、必修診療科は内科、救急にとどめられ、外科、精神科、産婦人科、小児科、麻酔科は選択必修科となったが、1か月以上の地域医療研修は必修とされ、改めてその重要性が強調された。

　卒前教育についても、プライマリ・ケア教育の重要性が認識されるようになってきている。プライマリ・ケア教育をどのように行うか、という考え方にもバリエーションがあると思われるが、大病院で展開される医療のみに偏重しない教育、という観点から community-based education（地域基盤（立脚）型教育）の重要性が認識されている。地域基盤型教育は、community-oriented education（地域志向型教育）と一線を引き、より地域に根ざした形で学ぶ教育とされる。世界の医学教育の現場では、地域基盤型教育は医学教育の重要な位置を占めて久しい。英国、米国等では総合診療・家庭医療学の講座が中心となり地域基盤型の医療教育を卒前に行っており、韓国、台湾、フィリピン、香港、シンガポール、マレーシアなどアジア諸国でも総合医・家庭医の育成が軌道に乗っている。米国でもほとんどの大学に家庭医療学部門があるが、家庭医療学部門がないところでも必ずジェネラリストを育てることを目標とした一般内科部門があり、プライマリ・ケアの教育に取り組んでいる[12]。

　オーストラリアでも多くの大学が医学生に対して全学年を通して地域の医療

第二部　医療政策・地域医療学

と社会そのものを認知・意識できるカリキュラムを採用している。フリンダース大学では、臨床実習の大半を地域で行うカリキュラムを世界に先駆けて確立している。同大学では医学部3年次の1年間という長期にわたる臨床実習を大学病院などの3次医療機関ではなく、地域の小病院、診療所において総合診療を中心として医学生に提供する。このカリキュラムは、学生が地域の保健・医療・福祉への関心を高め、都市部の3次医療機関と遠隔地域とのつながりを理解するだけでなく、大学と地域の実際の連携を強めることも重要な目標となっている[15]。同大学の地域立脚型卒前教育カリキュラムの理論的支柱はPaul Worleyらによって提唱されたFour Relationship Model（4Rs Model）である[16]。4Rs Modelは、地域における医学教育は4つの基本的な相互関係によって成り立つとされ、これらの4つの相互関係はすべて医学生を中心にした形で表される。すなわち、①患者－医師、②地域－行政機関、③個人の信条－専門家としての信念、④医療サービス－大学での研究、の4つの関係を柱とし、これらは相互補完的、かつ相乗的効果が期待されている。4Rs Modelは地域での医学教育を考えるうえで分離しがちな構成要素を医学生を中心として結び付けることが特徴である。フリンダース大学では、1、2年次にも地域について学び、地域についてのミニリサーチを行う機会が設けられているが、3年次の1年間は大学病院でのローテート実習か地域臨床実習（主に地域で活動する総合診療医とともに実習を行う）を選択できる。同プログラムは学生からのフィードバック、3年次の試験においても大学病院での実習と遜色なく、最近ではこのカリキュラムを目的に入学を希望する学生も少なくないという[17]。

　一方、日本の現状も変わりつつある。2003（平成15）年に行われた全国大学医学部、医科大学および医学校80校を対象としたアンケート調査では、プライマリ・ケア教育は様々な科で担当し、地域医療実習は65%、講義は42%、保健福祉実習は80%が導入しており、講義・実習とも実施大学数が10年間で3倍以上に増加していた[18]。また、2010（平成22）年に行われた平成22年度医学・歯学教育指導者のためのワークショップでの医学部を有する大学（80大学）へのアンケートによれば、全国の医学部における地域医療教育についての設問において、「地域の多様な現場に触れ、患者や地域の人々に接する機会の確保の有無」については78大学（97.5%）が「Yes」との回答、「地域の実情を踏まえた、

50

第1章 地域医療とはなんだろうか

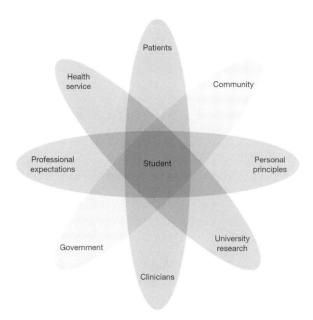

図3 フリンダース大学のFour Relationships Model（出典 文献16）

地域医療に関する教育を実施しているか」についても68（86％）大学が「Yes」との回答であった。ただし、このアンケートでは地域医療教育の質・量についての詳細な内容について評価することはできない。医学教育白書（2010）では、わが国の卒前教育において地域医療／プライマリ・ケアの系統的な教育を行っている大学は53％とされている。

　地域基盤型教育の重要性がわが国でも認識されるようになった現在、一層質の高い教育を目指したカリキュラムづくりが必要である。岡山大学では、2009年度より早期地域医療体験実習を導入し、以後カリキュラムの改編を重ねて当初の1年次の早期地域医療体験実習を地域枠学生のみが行っていた時点（延べ参加者11（人・週）、実習協力施設3）から、2013年度の全員がクリニカルクラークシップ前に最低1週間の地域医療実習を行う段階まで拡大している（延べ参加者156（人・週）、実習協力施設29）（図4）。岡山大学の地域基盤型教育の特徴は全ての学年で地域医療実習の機会がある点（現時点で2年次は含まれていないが今後導入予定）、現場での実習の前に模擬患者に医療面接を行う

51

第二部　医療政策・地域医療学

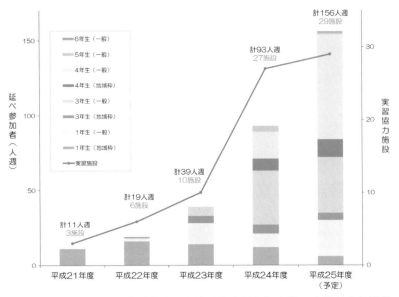

図4　岡山大学医学部医学科学生の地域医療実習参加者数と実習協力施設数の推移（平成21－25年度）

コミュニケーション実習を行っている点、e-ポートフォリオの活用などである。e-ポートフォリオを用いることにより、指導医と大学教員が学生を中心として学びを共有することができ、双方向のコミュニケーションが可能となっている。岡山大学での地域医療教育は、これまで衛生学、公衆衛生学、各臨床診療科などが行ってきた地域医療教育の個々の取り組みの蓄積があったことに加え、NPO岡山医師研修支援機構の地域医療部会などに代表される地域の医療機関と大学との顔の見えるネットワークが既に構築されていたことが基盤となっている。その基盤の上に、現在の全学年を通したらせん型の地域基盤型教育が構築されつつある。岡山大学の地域基盤型教育に関する学生の評価は非常に高いが、アウトカムについては今後の更なる検証が必要である。

　地域基盤型教育の新たな可能性についての模索も始まっている。途上国の医学部で行われている地域医療実習に持続発展教育（Education for Sustainable Development, ESD）の視点を導入することにより、学生は地域の環境、経済、社会、文化に目を向け、ヘルス・プロモーションの意義と医師の役割を学

52

び、持続可能性のある発展に基づいた活動を地域で行える人材育成につながるとされている[19]。このような考え方は発展途上国のみならず、わが国の地域基盤型教育にも取り入れるべきではないだろうか。岡山地域は、2005年6月に「ESDに関する地域拠点RCE（Regional Centres of Expertise on ESD）」として、世界最初の7カ所の1つに認定され、岡山大学では2007年4月にユネスコから認可を受け、ESDに関する事業の推進を行っている。地域に根差した活動の数々に医学生も参加し、様々な学びを得ている。ESDは医学教育の枠を超えて更に広い視野を広げるものであり、地域基盤型教育の可能性は更に広がりを見せている。

5　これからの地域医療の展望

わが国は世界に類を見ない勢いで超高齢社会に突入しようとしており（図5）、疾病構造も大きく変化してきた（図6）。人々は慢性疾患や老化に伴う障害を複数抱えながら寿命を全うすることが一般的になった。これからの時代は治療を主軸とした「病院の世紀」が終焉を迎え、新たな社会システムが出現すると述べ、そのシステムは包括ケアシステムであろう、との予測もある[20]。さらに、その場合、第1に健康を支える諸活動の場が、従来の医療サービスが供給されてきた場よりも生活の場に引き寄せられること、第2に包括ケアの供給は、それまでの病院中心のケアよりも地域的性格を強めていくこと、第3に包括ケアシステムの担い手は従来の医師を頂点とする専門家の階層システムから、多様な職種や地域住民の間のネットワークへと移行すること、などが考えられる[20]。

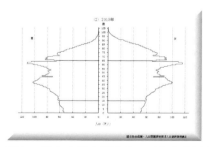 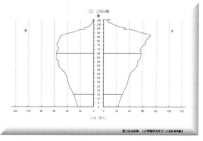

図5　日本の将来推計人口（出典 国立社会保障・人口研究所 人口統計資料集）

第二部　医療政策・地域医療学

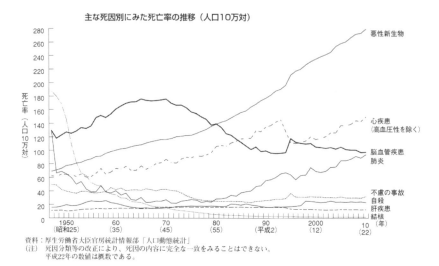

図6　主な死因別に見た死亡率の推移（人口10万対）厚生労働白書平成23年版

　現在、特に医師不足地域、過疎化や人口の高齢化率が高い地域では医療をいかに確保するかが深刻な問題となっている。しかし、現在それらの地域で抱える課題は近い将来大規模な形で都市部、日本全体の課題となるであろう。一方で、そのような課題の多い地域でこそ先進的な地域包括ケアが実践されている事例も多い。それを考えるとき、将来を担う学生や若手医師が大病院や高次医療のみを学ぶだけでは将来日本が直面する課題には対応できないであろうことは想像に難くない。「地域住民が抱える様々な健康上の不安や悩みをしっかりと受け止め、適切に対応するとともに、広く住民の生活にも心を配り、安心して暮らすことができるよう、見守り、支える医療活動である」地域医療は、新たな時代に生きていく次世代にこそ重要な分野であり、大きな可能性を秘めた分野といえるのではないだろうか。

引用文献

1）岩崎栄．地域医療の基本的視座：ベクトルコア，東京，1990
2）今井澄．豊かな明日への暮らしと医療－高齢化社会と地域医療：鳥影社，長野，1992

3）田中恒男．地域医療におけるプライマリ・ケアの役割．医療学新報 6巻4号；365-
370，1984
4）自治医科大学監修．地域医療テキスト：医学書院，東京，2009
5）小谷和彦．医療 TOPICS 第12回地域医療の定義．看護実践の科学28巻13号：38-
39，2003
6）上原里程．「地域医療」という用語の多様性．日本医事新報，4619：86-90，2012
7）福祉士養成講座編集委員会編．『新版　社会福祉士養成講座5　社会保障論〔第4
版〕』中央法規．148，2006
8）厚生労働省．平成24年版　厚生労働白書−社会保障を考える，2012
9）厚生省五十年史編集委員会．厚生省五十年史（記述編）．厚生問題研究会，1988
10）南木佳士．信州に上医あり 若月俊一と佐久病院．岩波新書，東京，1994
11）日本プライマリ・ケア連合学会．プライマリ・ケアとは
http://www.primary-care.or.jp/paramedic/index.html
12）伴信太郎．21世紀プライマリ・ケア序説　改訂版．プリメド社，大阪，2009
13）White KL et al. The ecology of medical care. N Engl J Med. Nov 2; 265: 885-892.
1961
14）Fukui T et al. The Ecology of Medical Care in Japan. JMAJ 48(4): 163-167. 2005
15）高村昭輝、伴信太郎．地域立脚型の卒前医学教育−医学教育の新しいパラダイム
−．医学教育 41巻 4号；255-258，2010
16）Prideaux D et al. Symbiosis: a new model for clinical education. The Clinical Teacher
4; 209-212, 2007
17）Worley P et al. Empirical evidence for symbiotic medical education: a comparative
analysis of community and tertiary-based programmes. Medical Education 40(2);
109-116, 2006
18）高屋敷明由美　他．プライマリ・ケアに関する卒前医学教育カリキュラムの現状．
医学教育34巻 4号；215-222，2003
19）武田裕子　他．持続発展教育（ESD）を地域医療実習に導入する国際協力イニシア
ティブ．医学教育 41巻 Suppl；181，2010
20）猪飼周平．病院の世紀の理論．有斐閣，東京，2010

第二部　医療政策・地域医療学

=== ももたろう先生の『在宅医療の現場で感じたこと』（その2）===

認知症でも働く力

　　80歳の吾平さんは身体は割と元気なのに認知症の症状がひどくて、自宅に
訪問診療に行っていた頃には毎晩のように深夜ゴソゴソ起き出してはあちこ
ち家具を動かしたり台所で蛇口を開けっぱなしにして水浸しにしたりするの
で家族もほとほと困り果てていた。薬でのコントロールにも限界があって、
家族の希望でグループホームに入居した。施設での診療を引き継いでくれた
先生に会う機会があって数か月後の様子を聞くと、なんと吾平さん、グルー
プホームでは模範生だという。認知症で話のつじつまがあわないのは当然と
して、3食よく食べ夜は疲れてよく眠り、台所で水遊びすることもない。そ
して昼間、暇さえあれば戸外へ出てひたすら草取りをしてくれるのだとい
う。誰も手入れする人がいなくて草ぼうぼうだった施設の敷地内は吾平さん
が黙々と草むしりしたおかげで隅々まで雑草1本ないほど綺麗になり、抜く
草がなくなって勢い余って隣家の敷地まで進出したところでストップがかけ
られた。そこでつけられたニックネームが「人間ルンバ」。ルンバというの
は置いておくと床の上を勝手に動いてホコリを取ってゆく円盤形のお掃除ロ
ボットである。土と共に生きてきた高齢者には認知症になってなお農作業の
遺伝子が備わっている。家族の都合で昼間から家の中に閉じこめられて何も
することがないと、本来人に喜ばれるはずの「労働」のためのエネルギーが周
囲にとっての「問題行動」に形を変え、薬漬けにされてしまう。人間はいくつ
になってもたとえ認知症になっても、自分にあった形で働く力を持っている。

第2章　地域医療の課題

岩瀬敏秀

1　日本の医療の現状と課題

　医療サービスの評価は、コスト（費用）、アクセス（受診しやすさ）、クオリティ（質）の3つの要素で判断される。アクセスやクオリティは高いほどよく、コストは低いほどよい。

　米国オレゴン州の低所得者用医療保険「オレゴン・ヘルス・プラン」の管理部局には「Cost, access, quality. Pick any two.」という言葉が額に入れて飾られているという[1]。コストとアクセスとクオリティのうち、2つまでなら選んでもよい、という意味である。言い換えれば、3つとも満たすことは困難ということだ。たとえば、医師数を増やすという政策をとると、クオリティは高まり、アクセスも良くなるだろうが、コストは増大するだろう。

　日本では、国民皆保険制度が整備されており、医療費の対GDP比も先進6カ国で2番目に低い（図1）。また、フリーアクセスが保証されており、患者は好きな時に好きな医療機関を受診することができる。新生児死亡率は世界で最も低い水準で、平均寿命は女性が世界1位、男性が世界5位である（図2）。日本の医療はコスト、アクセス、クオリティのすべてを高いバランスで

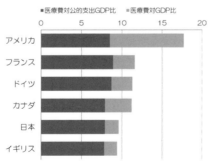

図1　主要先進6カ国の医療対GDP比率（2011年）
（資料）OECD Health Data 2013（June 2013）

第二部　医療政策・地域医療学

達成しているとして世界的に高評価を得ている。

　一方で、近年、日本の医療は様々な課題を抱えている。医師の地域偏在、診療科の偏在、大学医局の医師派遣能力の低下、勤務医の疲弊、コンビニ受診、医療訴訟、超高齢化社会、膨らみ続ける医療費など、問題は多岐にわたっている。ここでは、地域医療と特に関係の深い問題について考えていく。

（単位：年）

国　　　　　名	作成基礎期間	男	女	（参考）人口（万人）
日　　　　本　(Japan)	2012*	79.94	86.41	12 596
ア　フ　リ　カ　アルジェリア　(Algeria)	2010	75.6	77.0	3 672
（AFRICA）　エ　ジ　プ　ト　(Egypt)	2011	68.59	71.35	8 041
南　ア　フ　リ　カ　(South Africa)	2009	53.5	57.2	5 059
チ　ュ　ニ　ジ　ア　(Tunisia)	2011*	72.9	76.9	1 067
北　ア　メ　リ　カ　カ　ナ　ダ　(Canada)	2007-2009*	78.8	83.3	3 448
（NORTH AMERICA）　コスタリカ　(Costa Rica)	2010	76.82	81.78	462
キ　ュ　ー　バ　(Cuba)	2005-2007	76.00	80.02	1 125
メ　キ　シ　コ　(Mexico)	2010*	73.1	77.8	10 755
アメリカ合衆国　(United States of America)	2011*	76.3	81.1	31 159
南　ア　メ　リ　カ　アルゼンチン　(Argentina)	2006-2010	71.56	79.06	4 090
（SOUTH AMERICA）　ブ　ラ　ジ　ル　(Brazil)	2011*	70.6	77.7	19 238
チ　　　　リ　(Chile)	2010	75.81	81.23	1 725
コ　ロ　ン　ビ　ア　(Colombia)	2005-2010	70.67	77.51	4 604
ペ　　ル　　ー　(Peru)	2000-2005	69.00	74.32	2 980
ア　　ジ　　ア　バングラデシュ　(Bangladesh)	2010	66.66	68.79	14 862
（ASIA）　中　　　　国　(China)	2010*	72.38	77.37	134 410
キ　プ　ロ　ス　(Cyprus)	2006-2007	78.3	81.9	85
イ　　ン　　ド　(India)	2002-2006	62.57	64.25	119 250
イ　　ラ　　ン　(Iran)	2006	71.1	73.1	7 559
イ　ス　ラ　エ　ル　(Israel)	2011*	80.0	83.6	776
マ　レ　ー　シ　ア　(Malaysia)	2011*	71.97	77.05	2 855
パ　キ　ス　タ　ン　(Pakistan)	2007	63.55	67.62	16 515
カ　タ　ー　ル　(Qatar)	2010	78.04	78.77	163
韓　　　　国　(Republic of Korea)	2011*	77.6	84.5	5 011
シンガポール　(Singapore)	2012*	79.9	84.5	518
タ　　　　イ　(Thailand)	2010*	71.1	78.1	6 760
ト　　ル　　コ　(Turkey)	2009	71.5	76.1	7 422
ヨ　ー　ロ　ッ　パ　オーストリア　(Austria)	2012*	78.29	83.30	842
（EUROPE）　ベ　ル　ギ　ー　(Belgium)	2010*	77.4	82.7	1 100
チ　　ェ　　コ　(Czech Republic)	2012*	75.00	80.88	1 050
デ　ン　マ　ー　ク　(Denmark)	2011-2012*	77.9	81.9	557
フ　ィ　ン　ラ　ン　ド　(Finland)	2012*	77.5	83.4	539
フ　ラ　ン　ス　(France)	2012*	78.4	84.8	6 329
ド　　イ　　ツ　(Germany)	2009-2011*	77.72	82.73	8 180
ギ　リ　シ　ャ　(Greece)	2009	77.73	82.80	1 133
アイスランド　(Iceland)	2012*	80.8	83.9	32
イ　タ　リ　ア　(Italy)	2011*	79.4	84.5	6 074
オ　ラ　ン　ダ　(Netherlands)	2012*	79.2	82.8	1 669
ノ　ル　ウ　ェ　ー　(Norway)	2012*	79.42	83.41	495
ポ　ー　ラ　ン　ド　(Poland)	2012*	72.7	81.0	3 820
ロ　　シ　　ア　(Russian Federation)	2011*	64.04	75.61	14 296
ス　ペ　イ　ン　(Spain)	2011*	79.16	84.97	4 613
スウェーデン　(Sweden)	2012*	79.87	83.54	945
ス　　イ　　ス　(Switzerland)	2011*	80.3	84.7	791
ウ　ク　ラ　イ　ナ　(Ukraine)	2009-2010	65.28	75.50	4 578
イ　ギ　リ　ス　(United Kingdom)	2009-2011*	78.66	82.64	6 244
オ　セ　ア　ニ　ア　オーストラリア　(Australia)	2009-2011*	79.7	84.2	2 262
（OCEANIA）　ニュージーランド　(New Zealand)	2010-2012*	79.34	83.01	441

参考：香港(Hong Kong)の平均寿命は2012年＊で、男が80.6年、女が86.3年である。（人口 707万人）
資料：UN「Demographic Yearbook 2011」
　　ただし、＊印は平均寿命が当該政府の資料によるものである。
注：人口は年央推計人口で、2011年の値である（バングラデシュは2010年。メキシコ、パキスタンは2009年）。
　　ただし、日本については平成24年10月1日現在推計人口である。

図2　平均寿命の国際比較
（資料）厚生労働省　平成24年簡易生命表の概況

2 医師の地域偏在

現在、各地で医師不足が大きな問題となり、現場の努力だけでは地域の医療を維持できない状況も認められている。2010（平成22）年度の医師・歯科医師・薬剤師調査によると、日本全体の人口10万対医療施設従事医師数は219人である。人口当たりの医師数は毎年増加しているものの、都道府県単位で偏在が認められ、京都府286.2人に対して埼玉県142.6人と約2倍の差が存在している（図3）。

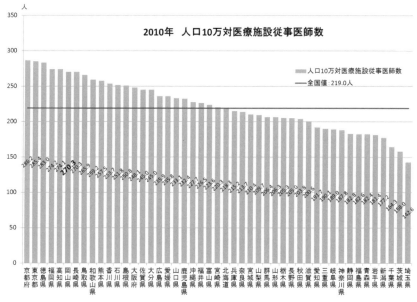

図3　2010年　人口10万対医療施設従事医師数
（資料）平成22年度　医師・歯科医師・薬剤師調査　を元に作成

岡山県には医学部を有する岡山大学と川崎医科大学の2大学が所在しており、人口10万対医療施設従事医師数においても270.3人と全国平均を上回っていることから、医療的に恵まれた県といえる。しかし、岡山県においても医師の偏在が問題となっている。医療資源の豊かな県南と乏しい県北というイメージを持つ方も多いかもしれない。確かに、二次医療圏ごとに見るとその通りであるが（図4）、岡山市・倉敷市を除いて考えると岡山市以外の県南東部なら

第二部　医療政策・地域医療学

びに倉敷市以外の県南西部は県北の医療圏以上に医師数は少ない（図5）。つまり、岡山県においては、岡山市・倉敷市という都市部では医師が多く、それ以外の地域では医師が少ない。

医師が偏在していたとしても関係者全員が満足していれば問題ないともいえ

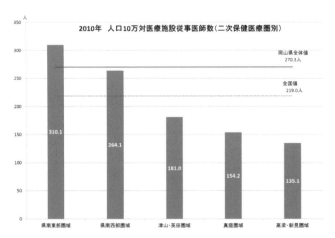

図4　2010年　二次保健医療圏別の人口10万対医療施設従事医師数（岡山県）
　　（資料）平成22年度　医師・歯科医師・薬剤師調査　を元に作成

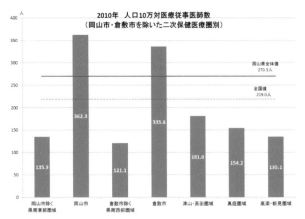

図5　2010年　岡山市・倉敷市を除いた二次保健医療圏別の人口10万対医療施設従事医師数（岡山県）
　　（資料）平成22年度　医師・歯科医師・薬剤師調査　を元に作成

るが、そういった事例は例外的である。医師が多い地域であっても、特定の科の勤務医に負担が集中していたり、専門領域以外を診ようとしない医師がいたり、他の医療機関に任せればいいとばかりに救急搬送を断る医師がいたり、それぞれの病院が競争して非効率的な医療が行われていたり、不適切に医療を利用する住民がいたりといった問題が見受けられる。都市部の医師は負担が少ないというわけではない。

　医師が少ない地域でも前述の問題が見られることはあるが、より特異な問題が認められる。住民のみならず医師の高齢化が進んでいたり、特に勤務医において医師一人当たりの負担が重い状況であったり、後継者不在の診療所があったり、小児科・産婦人科・救急などの領域の提供体制が不十分であったり、医療機関が学会認定教育施設の要件を満たせなかったり、老々介護・認認介護の家庭が多かったり、住居が点在しているために訪問診療・往診を効率的に行えなかったりといった問題である。岡山県における医師の年齢の状況を表1に示す。岡山市・倉敷市以外の地域の医療を支える医師の高齢化が明らかとなっている。

表1　2010年　岡山市・倉敷市を除いた二次保健医療圏別の医師の平均年齢・中央値・高齢化率

	医師数	平均年齢 ± SD	中央値	65歳以上 高齢化率	75歳以上 高齢化率
岡山県	5,016	48.2 ± 14.9	47	14.2	6.1
県南東部圏域	2,685	48.4 ± 14.8	47	14.3	6.3
岡山市	2,401	47.5 ± 14.9	45	13.7	6.1
岡山市除く 県南東部圏域	284	56.1 ± 11.5	56	19.4	7.7
県南西部圏域	1,820	46.6 ± 14.7	46	11.5	5.2
倉敷市	1,532	45.1 ± 14.6	44	10.4	4.4
倉敷市除く 県南西部圏域	288	54.2 ± 12.5	53	17.7	9.0
津山・英田圏域	343	51.0 ± 15.6	52	20.4	7.3
真庭圏域	76	56.0 ± 13.0	56	25.0	9.2
高梁・新見圏域	92	58.2 ± 14.0	58	31.5	13.0

（資料）平成22年度　医師・歯科医師・薬剤師調査　を元に作成

第二部　医療政策・地域医療学

　一方で、医師が少ない地域では、専門領域以外でもまず自分で診て、必要があれば専門科を有する医療機関を紹介するといった対応をとる医師がいたり、住民ひとりひとりの問題点を把握して関係者で適宜情報を共有する体制が整っていたり、他の医療機関は遠方だからと救急車を断らない病院があったり、医師の負担を減らそうと適切な受療行動について啓蒙活動を行うNPOがあったりといった医療を支えるための連携が認められる地域も存在する。医師が少ないということは関係者の数も少ないため、関係者が多い都市部と比べて状況改善のための協力がしやすいといった面が認められる。逆に、少ない関係者間の仲が悪いと状況を改善させることは容易ではないとも言える。

　なぜ医師の偏在は起こるのだろうか。大前提として、医師の分布を規制する制度は存在せず、医師は高い自由度で診療地域を選べる現状がある。かつては、医学部卒業生のほとんどは卒後すぐに大学の医局に入局し、医局から地域の医療機関に派遣され、診療技術を磨いた後に大学に戻ってより高度な技術や学位を取得していた。医局は医師の勤務配置に大きな影響力を持ち、医師が少ない地域にも派遣を行い、地域偏在の緩和を担っていた。しかし、より高い質の医療・研究・医学教育を社会から求められ、大学における業務は増大し、また、情報通信技術の発達によってどこでも最新の知識を学べるようになり、医局に所属する医師は減少傾向にあった。2004（平成16）年度に始まった初期臨床研修制度によって研修医の大学病院離れが進み、入局する医師が減り、医局の医師派遣能力は低下した。同時に、大学病院の医療の質を維持するために中堅医師を地域の病院から大学へ呼び戻したことで偏在が助長された。初期臨床研修制度以降、勤務する施設を選ぶ医師自身の裁量は強まり、追求したい専門性、自身や配偶者の地理的嗜好、地域の教育資源等から都市部に集中しやすい状況となっている。

　偏在によって医師の少ない地域の病院は苦しい状況となっている。大学医局に頼んでも医師の派遣がたやすく行われる状況ではなく、医師確保を最重要課題としている病院も多い。派遣してもらうのではなく、選ばれるよう努力をするといったように病院の姿勢も変化しつつある。高額な給与といったものだけでなく、学会参加の保障や子育て支援の拡充といった福利厚生を強化する施設

もあれば、教育指導体制を整え全人的医療の実践とスキルアップをアピールする施設もある。他方で、2010（平成22）年から、全国の医学部で地域勤務が課される地域枠が各都道府県で設立されている。制度によって内容はそれぞれ異なるが、卒後に指定された地域で勤務することで奨学金の返還が免除されることが基本となっている。自治医大と同様の仕組みといえるが、県のみならず市町村によっても行われている。関係者から大きな期待が寄せられている制度であり、地域枠医師へのキャリア支援等の定着へ向けたサポートが必要である。

3　診療科の偏在

　診療科別医師数の推移を図6に示した。外科と産婦人科を除く多くの診療科において医師数は増加傾向だが、科によって増加幅は異なっている。内科は2002（平成14）年までは総数とほぼ同じ増加幅であったが、初期臨床研修制度の始まった2004（平成16）年は総数ほど増加せず、2006（平成18）年には総数と異なり減少傾向となった。また、外科は1998（平成10）年以降、緩やかに減少傾向が続き、2006（平成18）年にはそれまでより大きく減少し、2010（平成22）年時点で1994（平成6）年をやや下回っている。産婦人科は外科以上に減少幅が大きい。前述の通り、かつて医師は卒後すぐに入局していたが、2004（平成16）年以降は2年間の初期臨床研修を経て以降に入局することが主流となっており、このタイムラグは2006（平成18）年の減少傾向の一因と考えられる。

　産婦人科医の減少は全国均一なものではなく、特に東北地方、北海道、四国などの地方において減少が顕著に認められている[2]。医療資源の乏しい地域は各科の医師を確保することは難しく、内科や外科をスペシャリティとする総合医がその他の領域もカバーしているのが現状である。しかしながら、医師不足地域の総合医であっても産婦人科診療を行わない傾向が強くなってきているとの意見も見られる[3]。

　一方、産婦人科病院・診療所数の推移を見ると（図7）、産婦人科医数よりも急激に減少している。この変化には、患者の安全性確保と医師の負担軽減のために1病院当たり5人以上の常勤医を配置する方針を日本産婦人科学会が推進していることも影響している[4]。結果として、お産を診る施設のない地域の住民は都市部まで出なければならないという問題が起きている。生活圏で医療

第二部　医療政策・地域医療学

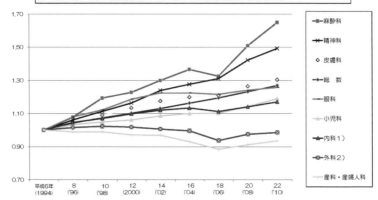

図6　診療科別医師数の推移（平成6年を1.0とした場合）
（資料）第33回社会保障審議会医療部会　資料1

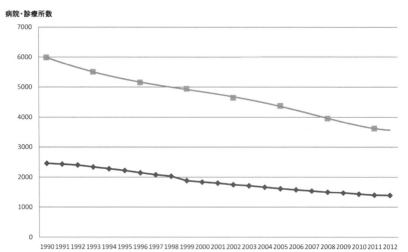

図7　産婦人科病院・診療所の数の推移
（資料）厚生労働省　平成24年（2012）医療施設（動態）調査・病院報告の概況　から改変

64

が完結しないという問題は産科だけの問題ではなく、アクセス面を支援する施策の整備が急務である。

こういった診療科の偏在を是正するためには、労働環境の改善や医療機関の機能分化・再編・集約が必要との提言がなされている[5]。救急医に救急勤務医手当を、産科医等に分娩手当等を支給する医療機関に対する財政支援が行われている。また、地域枠制度とほぼ同時期に、卒後に指定された診療科を専攻することで奨学金の返還が免除される制度を設立した県もあり、成果が期待されている。

4　勤務医の疲弊

知識を更新し、技術を磨き、態度を洗練化させ、十分に説明を尽くし、電子カルテの操作を覚え、書面で記録を残し、在院日数を短縮させ……などなどを求められ、勤務医の業務量は著しく増えている。これらの原因は医学の進歩だけでなく、2002（平成14）年前後から、医療事故が警察の捜査対象とされるケースが増え、患者側の立場をとる報道姿勢によって医療不信が蔓延し、過度な医療安全を求める患者も出てきたことも挙げられる[6]。また、「雨を理由に救急車を呼ぶ」「待ちたくないという理由で時間外に受診する」など医療を不適切に利用する患者も増えており、現場の医療従事者の労働意欲を削ぐ事態となっている。その結果、膨大な業務、重大な責任に耐えかね、病院勤務医が集団で退職する事例が生じている。こうした医師の動きは「立ち去り型サボタージュ」と呼ばれ、医師の少ない地域だけでなく、大学病院でも起きており、医療提供体制を揺るがす大問題として注目を集めている。

勤務医の負担軽減のために、多様な勤務形態、育児・介護・復職支援、キャリア形成支援、医療安全への対応等が必要であるとの意見[7]や、労働基準法の遵守を徹底させるべきとの声[8]が挙げられている。これらの医療側への対策はいずれも重要であるが、住民側への対策も必要である。適切に医療を利用し、医療従事者への感謝を伝えることが勤務医の離脱防止に必須と考えられる。

住民側のアプローチによって改善した実例として、県立柏原病院の小児科が挙げられる[9]。2006（平成18）年まで7人の小児科医がいたが、2007（平成19）年には大学の引き上げや小児科医の院長就任などによって人数が減った。

第二部　医療政策・地域医療学

残った医師も「これ以上の負担に耐えられない」と辞意を表明し、小児科がなくなる可能性が出ていた。地元新聞の記者の呼びかけで集まった住民は当初、「うちの子はどうしたらいいのか」といった被害者的な訴えであったが、小児救急を利用したひとりの母親が当直明けに勤務を続ける医師の姿を見て「これ以上、先生頑張ってなんて言えない」と方向性が変わった。そして、「住民側にも責任があるのではないか」「届かない医療現場の悲鳴を市民に伝えたい」と「小児科を守る会」が立ち上げられた。

　県庁に署名を持参しても小児科医増員がかなわなかった後は、「医師が働きやすい地域にしよう」という運動に変わった点が特筆すべきところであろう。①コンビニ受診を控えよう、②かかりつけ医を持とう、③お医者さんに感謝の気持ちを伝えよう、というスローガンで活動が続けられた。こうした活動の結果、やめるつもりだった医師は辞意を撤回し、2014（平成26）年1月時点で7人体制となっている。小児科時間外受診者数は活動前の半分となり、時間外小児患者の入院割合も25％まで上がり、適切な利用がなされたことが明らかとなっている。

　同様の試みは各地で行われており、ここまで劇的ではないにしろ、効果を発揮しているものと考えられる。筆者の個人的な感覚になるが、地域医療がうまくいっている地域では住民・医療者（医師会）・行政の3者が上手に連携しているという印象がある。関係者が歩み寄り、同じ方向に力をあわせることができれば、状況の改善も可能と考えられる。

5　超高齢化社会と増大する死亡者数

　国際的に見ると、すでに日本は最も高齢化率の高い国である。2010年時点で日本23.0％、ドイツ20.4％、フランス16.8％、アメリカ13.1％、イギリス16.6％、韓国11.1％であった[10]。この高齢化が今後も進む理由としては、長寿とともに低出生率が挙げられる。合計特殊出生率（一人の女性が生涯に出産する子供の平均数）が2.08あれば人口を維持することが出来るとされているが、2011年時点で日本1.39、ドイツ1.36、フランス2.00、アメリカ1.89、イギリス1.98、韓国1.24であった[11]。

　2025年は団塊世代が75歳以上となるが、これからの日本の人口構造は図8

第2章 地域医療の課題

に示す通りであり、急激な高齢化と同時に急速な人口減少が予想されている。「超高齢化社会」と聞くと「高齢者がずっと増え続けるのでは」と思われる方もいるかもしれない。図8を見ると、65歳以上人口が2025年以降ほぼ横ばいで、0〜64歳人口が急激に減少するものと推計されている。1965年当時は高齢者1人を現役世代（20〜64歳）約9人で支える「胴上げ型」だったが、2012年時点では現役世代3人弱で支えなければならない「騎馬戦型」である。将来的には現役世代1人強で支えなければならない「肩車型」になると見込まれており、高齢者が長く働き、現役世代に負担をなるべくかけない仕組みが求められている。

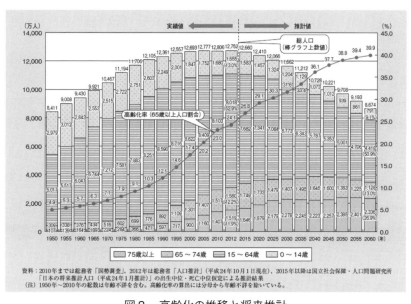

図8　高齢化の推移と将来推計
（資料）平成24年版　高齢化の状況及び高齢社会対策の実施状況

　人口動向は地域によって大きく異なる。人口もしくは人口密度によって①大都市型、②過疎地域型、③地方都市型に分けて考えると、次のように推移すると考えられている[12]。①大都市では、75歳以上は大幅に増え、64歳以下はあまり減らない。②過疎地域では、75歳以上はあまり増えないが、64歳以下は大幅に減る。③地方都市では、75歳以上はそれなりに増え、64歳以下は過疎地域ほ

第二部　医療政策・地域医療学

ど減らない。人口動向は医療需要・介護需要にも影響する。将来においても現在と同程度の医療・介護が同程度の値段で提供されると仮定すると、①大都市では、医療需要・介護需要はともに増加する。②過疎地域では、医療需要は減少し、介護需要は横ばい～減少する。③地方都市では、医療需要は横ばい～減少し、介護需要は横ばい～増加するものと推計される。

岡山県の二次医療圏は県南の２圏域が地方都市型に、県北の３圏域が過疎地域型に該当するが、それぞれの医療圏によって医療需要・介護需要の推計の動向は異なっており、一概に前述の動向の通りとなっていない。こういった医療需要・介護需要の推計や、地域の持つ医療資源の情報を元に、今後のその地域にふさわしいバランスのとれた医療機能の分化と連携を適切に推進すべく地域医療ビジョンの策定が必要と考えられている。

死亡場所別の死亡者数の年次推移と将来推計を図９に示す。死亡者の８割以上は病院で亡くなっているが、増大する死亡者を病院で看取り続けるキャパシティはないと言わざるをえない。がんのターミナルケア等の自宅で最期を迎えることのできる体制の整備が急務である[13]。岡山県においては、岡山市、倉敷

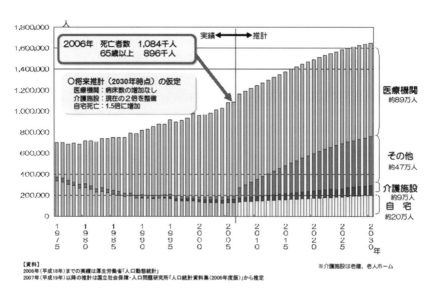

図９　死亡場所別、死亡者数の年次推移と将来推計
（資料）厚生労働省

市、総社市にそれぞれひとつずつ訪問診療専門のクリニックがあったり、在宅医療を推進する開業医が連携を行ったりと対応した動きが行われている。一方で、県北地域においてはアクセスやマンパワーの問題もあり、別のアプローチが求められている。

6　地域医療の課題

　これまで、日本の医療の課題と地域においての課題について述べてきた。無論、全ての課題について検討できたわけではない。留意しなければならない点として、地域はそれぞれ違うということが挙げられる。地域ごとに課題は異なっており、それを住民、医療者、行政が自覚し、解決に向けて協力していくことが重要と思われる。学生の皆さんには、地域での実習などの際に、学生にしか持ち得ない感性でその地域の持つ課題を感じ、どうすればよいかについて考えを巡らせていただければ幸いである。

引用文献

1 ）李啓充（2002）『週間医学界新聞　第2469号』
2 ）財務省（2009）『財政制度等審議会　財政制度分科会　財政構造改革部会資料』
3 ）松本正俊（2011）『地域医療テキスト』p11-12；東京；医学書院
4 ）池上直己（2010）『ベーシック医療問題』p120-122；東京；日本経済新聞出版社
5 ）厚生労働省（2006）『医師の需給に関する検討会（第11回）資料』
6 ）小松秀樹（2006）『医療崩壊－「立ち去り型サボタージュ」とは何か』p4；東京；朝日新聞社
7 ）日本医師会勤務医委員会（2010）『平成20・21年度勤務医委員会答申　医師の不足、偏在の是正を図るための方案－勤務医の労働環境（過重労働）を改善するために－』
8 ）全国医師ユニオン（2013）『勤務医労働実態調査2012最終報告』
9 ）梶本章（2011）『「お母さんたちはどうして立ち上がったのか」社会保険旬報 No. 2446』p20-28；東京；社会保険研究所
10）内閣府（2013）『平成24年版　高齢化の状況及び高齢社会対策の実施状況』
11）厚生労働省（2013）『我が国の人口動態（平成23年までの動向）』
12）厚生労働省（2013）『第 2 回都市部の高齢化対策に関する検討会資料』
13）松田晋哉（2013）『医療のなにが問題なのか』p234；東京；勁草書房

第二部　医療政策・地域医療学

ももたろう先生の『在宅医療の現場で感じたこと』（その3）

飼い犬も見送り

　その家の門を初めてくぐったとき、白い犬にいきなり吠えられた。敷地に放し飼いの犬がいると聞いたのをすっかり忘れていた。それから2か月間、訪問診療のたびに吠えられた。56歳の恵子さんは人生最期の時間を自宅で過ごすと決め、家族も懸命に介護を続けた。

　やがて危篤状態になって往診したその日、いつも吠える所に犬はいなかった。リビングの日当たりの良い窓際に置かれたベッドで診察する。病状にあわせ点滴を絞ってきたので痰もむくみもなく麻薬の貼り薬で痛みもない。血圧が下がり静かに浅い呼吸で眠る。犬はベッドから窓ひとつ隔てた家の外のデッキで、寒い中動かずじっと座ってこちらを見ていた。週末には賑やか好きの恵子さんのために親族友人が十数人集まり部屋はまるで宴会場だったが、今は夫と息子娘、高齢の母がベッドを囲んで座っている。ストーブに置いたやかんの湯が沸騰する音だけが静けさの中に響く。残された時間は数時間であろうと告げて次の患家へ向かった。

　3時間ほど経ち「呼吸が止まりました」と最期を看取った家族から落ち着いた声で連絡が入った。その日2度めの往診に赴いた時、やはり犬は吠えなかった。最後の診察で臨終を告げたときも窓の外に目をやると外からこちらを見ていた。家族が看護師と一緒に体を拭いて化粧し、旅立ちの衣装にとお気に入りの服に更衣している間もじっと座っていた。死亡診断書を書き終え挨拶して帰るとき、白い犬はいつの間にか門まで出てきて吠えるどころかしっぽを振って見送ってくれた。私には犬が礼を言いに来たように思えた。

第3章　地域医療を実践する
－隠岐の島・哲西町・地域医療教育

佐藤　勝

はじめに

　近年、高齢化率の上昇により複数の疾患を持つ人が増え、さらに介護福祉の問題を抱えることも多くなり単に疾患の治療だけでなく家庭や職場、地域まで抱含した幅広い医療が求められるようになってきた。それはまさに地域医療、プライマリケアそのものであり、それを支える医師の役割としては幅広い臨床能力をもつ総合医であることや、保健・福祉・介護に関する理解と活用、更には行政や地域住民と一体となった医療の展開（地域包括ケア）など多岐にわたる。筆者はこの地域包括ケアに長年取り組みその実践により、予防医学の充実、住民サービスの効果的提供、ADL（日常生活動作）やQOL（生活の質）の向上、教育への好影響などの効果を認め、その結果、地域の活性化やまちづくりにつながり、地域医療の素晴らしさを体験してきた。

　振り返れば医師になり25年が過ぎ、そのうち島根県隠岐の島に計9年、岡山県新見市の哲西町に13年、本当に田舎が好きになった。それほど**へき地医療、地域包括ケア、まちづくり**に魅せられてしまった。都万村診療所（現島根県隠岐の島町）と哲西町診療所（現岡山県新見市）において、過疎地であるができるだけ都会の大病院に劣らないよう、無床診療所であるが高度医療機器を整備し、幅広く良質な医療を提供できるように、専門に偏らない総合医として役割を果たしてきた。また、平成22年からは哲西町診療所で地域医療、プライマリケアを実践しながら、岡山大学で地域医療人材育成講座を担当することとなり、若い人々に地域医療の重要性や魅力、楽しさややり甲斐を伝えている。それらの体験をもとに地域医療システムや地域医療づくり、まちづくりについて述べたい。

第二部　医療政策・地域医療学

Ⅰ．島根県隠岐の島、旧都万村(現隠岐の島町、当時人口2200人、高齢化率36％)
（筆者が平成4～7年、平成9～13年に赴任）（図1）

旧都万村は、島根半島の北東80Kmの日本海に浮かぶ、NHK大河ドラマ「太平記」の舞台にもなった島根県隠岐島・島後の南西部に位置する半農半漁の村であった。農業は稲作、漁業は一本釣りやイカ釣りの個人経営がほとんど。夏のウニ採り、アワビやサザエ漁、色鮮やかなヒオウギ貝の養殖、秋の松茸狩りや

図1

冬の海苔摘み、牛突きや古典相撲等の伝統文化も継承されている。牛突きは承久3年（1221年）、後鳥羽上皇が隠岐へ配流された際、上皇の京に思いを馳せる気持ちをお慰めしようと始められたと伝えられている。その他、観光開発も盛んで、総合的観光レジャー施設「あいらんどパーク」には、ジェットスキーやスキューバダイビング等のマリンスポーツや海水浴場、遊漁センター、海上釣り堀、公園や体育館、テニスコート、運動場、遊歩道、レストランや船上ビアガーデン、フランス料理店、イタリア料理店、ログハウスやホテル、キャンプ場が一体的に整備されている。

1．入りたい特養！村中心地に

平成4年、筆者が都万村診療所に赴任してすぐ、特別養護老人ホーム（特養）を建てようという計画が持ち上がっていた。

平成3年、65歳以上の全戸聞き取り調査で高齢者実態アンケートを行った結果、老人福祉施設建設の要望がもっとも多く57％もの人が要望したことによる。

しかし「特養だけでは老人を隔離することになる。ただ入れて施すだけの姥捨て山ではなく、自分達がここなら入りたいという施設を作ろう。」と考え、行政や住民の方々にも賛同して頂き、当時全国でも珍しいまちの中心地（役場隣）に建てることができた（写真1）。なぜ「特養を村の中心地に」かという

第3章　地域医療を実践する－隠岐の島・哲西町・地域医療教育

と、今までの特養は、ややもすれば環境重視の観点や経済性の面から、山の上や海が見える閑静な場所が選ばれることが多かったようだが、実際には交通の便が悪いため、住民が訪ねたくてもなかなか訪ねにくい環境であった。

写真1

ある人が半身麻痺となり病院退院後、特養に入所したとする。その人には元気なときに親しい仲間がいたかもしれない。その仲間に気軽に訪ねてもらえるような場所でなければ、そこに気力とか生きがいは生まれないと考えた。元気な人たちも友人が家を訪ねてくれることは大変嬉しいことであるが、とくに入所者・高齢者にとっては健常者以上に家族・知人が訪ねてくれるのを毎日心待ちにしている。

したがって、景色の良い場所、空気がきれいな場所も良いが、住民が簡単に気軽に、役場や診療所に行ったついでにでも行けるような人が集う村の中心地がベストと考えたのである。

さらに自分が入るのだから、自分が住所を移しここで最期まで過ごすのだから、自分の住みたい環境にしたいと考え、酒を飲めるバーのカウンターや麻雀部屋も造った。なるべく個室とし、当時は多床室を造らねばならなかったので二人部屋までとし、全部屋にトイレをつけ、二人部屋も壁と障子の固定性の中仕切りをつけプライバシーを保つようにした（写真2）。

写真2

2．ある患者との出会い。福祉・介護にも生き甲斐・役割というコンセプトを

さらに、施設福祉と在宅福祉を一元化するため、デイサービスセンター、在

73

第二部　医療政策・地域医療学

宅介護支援センターの併設が必要であると考えた。当時、筆者が何回往診して
も「ニコッ」ともしない在宅の寝たきり患者がいた。筆者のことを嫌っている
のではないかと気になるほどであった。患者は家族に便を掘り出してもらった
り体を拭いてもらっていた。その人の表情を見ると「申し訳ないなー」と思う
気持ちが「自分がいなくなれば家族の負担が減るだろう」「この家の大荷物」と
感じ「もう死んだ方がいいやー」という顔をつくり出しているのではないか。
「生きさせられている」だけ「息されている」だけ、とても「生きている」とは
言えないとも感じた。「これではいけない」と強く感じた。当時デイサービス
センターは全国に数ヶ所しかなかったが、デイサービスセンターがあれば、同
様の人たちが集まって顔を合わせられる。そして風呂に入ることもできる。気
持ちがなごみ、まず「ニコッ」とほほえむ。さらに右手が動かなくても左手が
動けば、隣の人の背中を流したりすると「ありがとう」と言ってもらえ、「自分
もまだ人のために役立てた」という気持ちになり、再び「ニコッニコッ」とす
る。ここに生きがいが生まれると感じた。おそらく、介護されるようになって
から長い間「ありがとう」と言ってもらうことがほとんどない生活ではなかっ
たのではないか（何度も「ありがとう」とは言っても）。たぶん福祉というも
のは「施す」ことだけではなく、そこに生き甲斐がなければならない。生き甲
斐とは「ありがとう」と言ってもらえることであり、人に対する「役割」では
ないかと思うようになった。人の役に立った時に人は生き甲斐を感じるのだろ
う。福祉・介護の現場にもこのコンセプトが必要であると考えた。そうなるに
は、色々な人々が関わり集う場になる必要があった。

　筆者が小学生の頃、同級生とけんかした時、担任の先生から「人の立場も考
えなさい」と言われていたが、介護される人は「かわいそうだな」「いたわしい
な」「助けてあげなければ」とは思えても、「介護される人の施設やシステムが
必要だな」と考えても、本当の人の気持ち・立場（介護される人の立場）なん
てこの時まであまり考えていなかったのだと思えた。特養入所者やデイサービ
ス利用者や診療所の患者などが交流することによりお互いが励ましあい、生き
る気力が生まれるのではないかと考えた。

3．特養を含む総合施設を整備

　また、総合福祉施設に医療や行政を一体化する必要があった。ホームヘルパーは訪問回数が多く情報量も多いので、それを十分生かさなければならない。たとえば、在宅の人が寝たきりになったり褥瘡ができれば、医師にすぐ相談することはもとより、役場に（平成12年介護保険制度施行以前であるため。平成12年以降はケアマネジャーに相談し貸し出しをする業者に）ベッドやエアマットを借りに行ったり、福祉制度について相談したり、また精神的に落ち込んでいれば、デイサービスの職員に「行ったとき、励ましてね」と申し送ったり、あるいはショートステイに入るとき・出るときに状況を特養スタッフと話し合ったり。このようにスタッフ間の垣根をなくし、全スタッフが毎日の業務の中でケース検討を常に行い、一個人のいかなる問題点にも全スタッフが相談窓口となり、そして全てのスタッフで対応できる姿がベストと考えた。そのためには、情報が常に共有され、生かされなければならず、全スタッフが連携の取りやすい同一施設内で働くのがよいと考えた。その結果、住民の集まりやすい村の中心地に総合施設を建設することとなった。

　そして、当時県内でも非常に珍しい保健医療福祉総合施設（特別養護老人ホーム〔定員30名〕、ショートスティ〔定員5名〕、在宅介護支援センター、ホームヘルプステーション、ディサービスセンター、保健センター、診療所、歯科診療所、役場健康福祉課）を村の中心地、役場隣に新設することができ、保健医療福祉それぞれが充実し一体化が実現し以下のように多くの効果をもたらした（表1）。

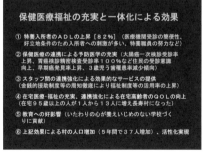

表1

4．特養入所者の ADL 向上

　1番目に特養入所者の入所時から1～2年後の ADL（日常生活動作）を比較したところ向上を認めた。33名中27名（82％）に何らかの項目で向上があり、そのうち歩けない人が歩けるようになるなど著明に向上した人が8名もい

第二部　医療政策・地域医療学

た（平成8→10年度）。他施設から
の転所者においても15人中13人が何
らかの項目で向上があり著名に向上
した人が5人もいた（表2）。一般的
に年齢が上がれば、ADLも低下する
が、特養スタッフの努力や医療が近
いこと、スペースが広いこと、村中
心地にあり多施設併設のため訪問者
が多く、入所者の楽しみや生きがい

特別養護老人ホーム入所者のADLの推移（入所時から1～2年）

ADL	他施設からの入所	自宅から入所	合計
何らかの項目で向上あり（著明改善）	13 (5)	14 (3)	27 (8)
向上なし	2	4	6
合計	15	18	33

表2

につながっていることなどによるものと考えられる。特養スタッフにとっては
大変な作業であるが、3度の食事と3時のおやつに、寝たきりの人も含めすべ
てホールに出てみんなの顔を見ながら食べている。寝たきりの人であっても、
移動時のスタッフとのスキンシップや、みんなと一緒に過ごすことにより、入
所者のADLの改善につながった。また居室も含めホール、廊下が広く介護が
行いやすい環境である。毎日デイサービス利用者との交流があり、そして入所
中の友人と将棋を指すために毎日歩いて来所される住民もいる。入所者はこれ
らの訪問者を大変心待ちにしている。また保育園児、小中学生の定期的訪問も
あり入所者には「毎日友人が訪ねてきてくれて楽しい」「子供たちの成長を見な
がら過ごせる」という楽しみも生まれている。更に地域住民からも「ホームの
友人に会いに行こう」「年をとったらここに入りたい」と言われるようになり、
地域住民に本当に理解された、まさに「隔離された特養」という既存のイメー
ジを覆す施設となった。

5. 予防医学の充実

　2番目に保健医療の連携により予防医学の充実がなされた。一つとして診療
所での早期がんの発見が5人／年（全悪性17.3人／年）（平成4～6年度）から
9.3／人（全悪性19.8人／年）（平成9～12年度）に増えた（P<0.05）。新たに4.3
人／年が早期にがんが発見されたことになる。悪性新生物のうち早期がんの割
合も有意に増え（29%→47%〔P<0.05〕）、約半数が早期がんでの発見となり
より早い時期にがんが発見されるようになった（図2）。診療所新築により病

院並みの検査機能への充実、医師2名体制になり検査件数の増加、ドック・基本健診の開始、さらに保健医療の連携で村の検診が充実し、住民の受診意欲が向上したこと、後方病院との連携が強化されたことなどによるものと考えられる。

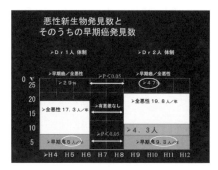

図2

診療所は村内唯一の医療機関で、通院患者1日平均92人、実患者数（レセプト数）722人／月（平成12年度）、村内患者のほぼ9割が本診療所を受診。実に村民の3人に1人が本診療所の患者ということになる。診療収入2.1億円／年と県内で最も忙しい公立無床診療所であった。診療所は病院と違い敷居が低く、何でも症状を話すため、そのなかから検査を勧めている。年間、腹部超音波556件、上部消化管内視鏡328件、下部消化管内視鏡・透視撮影58件、心臓超音波192件と早期発見・早期治療を心がけた。また胃がん検診の精密検査は、保健師が直接本人の都合を聞き、診療所に上部消化管内視鏡の予約をし、受診者の煩わしさを軽減するなどアフターケアを徹底することにより、精密検査受診率は5年連続100％となった。

保健師の行う各地区健康相談に定期的に医師が参画し地区の特性も考慮したテーマで健康講座を座談会形式で始めた（写真3）。10人程度の少人数でお互い良く知っている者同士である同地区住民だけで集まるため、また普段利用しなれた地区集会所の一室を使用するため、医師を目前にしても緊張せず気軽に質問や相談ができ参加者も増加した。（保健師栄養士のみ8.6人／回、医師も加わると12.2人／回〔$P<0.005$〕）。平成9年度の新規事業であった大腸がん検診について、健康相談のなかの健康講座により大腸がんの話をするなど普及・啓発を

写真3

図ったが、医師が参画し健康講座を開催した地区は、一次検診受診者数が保健師、栄養士のみで開催した地区の約3倍高率であった（それぞれ19.2%、6.8%、分母は全対象者数〔P＜0.005〕）(図3)。医師が健康相談に参画することにより通常保健師・栄養士が話すことのできない大腸の精密検査方法、大腸がんの治療方法等も詳しくまたわかりやすく説明がなされ、参加者が近所の人々にも大腸がん検診の必要性を伝え誘い合わせて検診を受診された結果である。医師が保健活動に協力すれば、その効果は3倍にもなると考えられ、保健事業の普及・

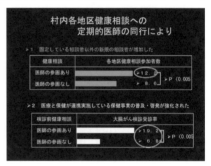

図3

啓発が強化されることとなった。また、歯科と保健との連携で3歳児う歯罹患率も減少傾向（70%から38%〔P＝0.168〕）を認めた。歯科診療所と保健センターとの併設のメリットを生かし、乳幼児から小中学校と一貫した歯科保健活動を展開できることも大きな要因である。このように保健医療の連携により予防医学の向上にもつながっている。

　また島根県では地域医療支援ブロック制度のもと、隠岐島島後地区で隠岐病院（当時154床）を中心に、4診療所と医師の人的交流をもちながらのグループ医療を行い病診連携をはかっていた。そのなかで診療所医師が隠岐病院へ研修に出て、高度医療に触れ研鑽を積んでいた。病院外科医が診療所で小手術、術後患者のフォロー、整形外科的診療や各地区に出ての乳がん検診や健康教育も行ってもらい、その間診療所医師は入院の必要な大腸内視鏡治療を要する患者などを診療所から病院につれていき治療する（36件／年）（平成12年度）。また紹介入院患者の状態を把握し、病院主治医と今後の方針などを相談しながら、退院後速やかに対応できるよう努めていた。このように後方病院と医師の交流があることにより、かかりつけ医である診療所医師により入院治療がなされるため、住民も後方病院に対し近接感をもち治療に積極的となった。尚、隠岐病院でのCT・MRIなどの検査も、診療所から病院に直接電話で予約し撮影時だけ行ってもらえばできるようにし、結果説明も診療所で行えるようにすることに

より、依頼件数も増加した（113件／年）（平成12年度）。

6. 福祉制度の活用率上昇

　3番目に金銭的な援助制度などの知識を広く住民に知らせ、その権利を取得されるようになった。都万村の特別障害者手当受給者は20人（平成11年）で隠岐地区の他町村より有意に多い（受給者数／高齢者数，都万村2.58％，隠岐他町村1.10％〔P＜0.005〕）（図4）。これは障害者が他町村より多い訳でなく、スタッフ全員が制度に精通し、またスタッフ間の連携が強化された結果、該当者の掘り起こしが出来たからである。肢体不自由の場合、立ち上がりが出来なければ、ほぼ特別障害者手当の該当となり、1か月2.6万円余を支給される。これは国の制

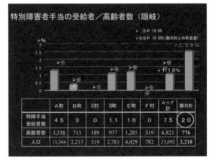

図4

度であり、役場福祉係の職員の担当であるが、どこの誰が肢体不自由であるかは申請があるまでは知らないことが多い。実際に該当者を発見する機会が多いのは各家庭を訪問するホームヘルパーや医師などである。10年間ももらい損ねている人もいたが、実に320万円にもなる。そこにはホームヘルパー、医師、看護師も訪問していたが、そのような制度があることを皆知らなかったのである。特別障害者手当の他、身体障害者手帳、障害者年金、ベッドやエアマットの貸出しや住宅改造等の制度、また市町村独自の制度（例えば新見市の場合介護度4以上の人に介護手当として1万円／月支給される）などは、そもそも役所などが対象者をひろいあげる制度ではなく、すべて申請制度であるため、本人や家族から申請があってはじめて手続きがはじまるものであるので、ほとんどの住民がこれらの制度を知らないため、結局本人や家族が申請しておらず制度の利用ができない状態が多いのである。申請制度ではあるが対象者をひろいあげるために、どの程度なら制度の適応になるのかを保健医療福祉介護スタッフの定期的勉強会を開催し、すべてのスタッフが学び知るようになり、誰が訪問してもすべての相談の窓口になれ、ひろいあげが効いたことによるものと考

えられる。このように効果的なサービスが提供されるようになった。

7．在宅高齢者のQOL上昇

4番目に都万村では在宅95歳以上の人が平成5年は1人であったが、平成11年には13人と増え（在宅95歳以上人口／65歳以上人口、都万村平成5年0.15％、平成11年1.67％〔P＜0.005〕）、元気でより長く自宅で暮らせるようになり、隠岐の他町村よりも健康寿命が延びたと言える（同、隠岐他町村　平成5年0.49％、平成11年0.59％〔都万村　平成11年に対しP＜0.005〕）（図5）。高齢者にとって些細な症状であっても重篤な病態に至ることがあるが、在宅医療・福祉の充実と連携強化によりきめ細やかな介護が行われることや各種制度の利用が促進されたことや、週何回も訪問するホームヘルパー等から些細なことでも医師に遠慮などせず、すぐに伝わりすぐに往診に行くなど、早期に病気を発見し治療がなされることなどが影響している。そして、75才女性の平均余命も、県内1位（平成14年）となった。

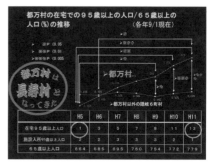

図5

　地域包括ケアのなかの具体的な連携として、デイサービスセンターを例に挙げれば、利用者が隣の特養の友人を訪ねたり、特養入所者が友人に会いに出てきたり、職員が入浴時に背中の湿疹に気がつけば診療所へ、昼食時に義歯の具合が悪いと気づけば歯科診療所へ、福祉制度やサービスは役場健康福祉課や在宅介護支援センターへ、また職員が自宅へ迎えに行ったとき急に休まれる場合、帰ったときすぐにホームヘルパーに伝え訪問してもらう。このように、スタッフ間の連携が充分図られた中を住民が自由に行き来できるイメージができあがり、より住民に密着した身近できめ細やかな質の高い総合的・包括的なサービス提供により超高齢者のQOL（生活の質）も向上し、長寿者の多い村となってきた。

　いくら良い特養ホームがあっても、やはり自宅に長くいたいものである。都

第3章 地域医療を実践する－隠岐の島・哲西町・地域医療教育

万村では、在宅でも特養ホームでも良い環境と QOL が保障されることになった。

8. 教育への好影響

　5番目に、「人の集う場所に高齢者、障害者がいることで子供たちとの触れ合う機会も格段に増え、高齢者・入所者には『将来、この村を背負って立つ子供たちの成長を見つづけることができる』というはりあいが生まれ、同時に子供たちにはいたわりや思いやりの心を養うこととなり、いじめのない学校になった」と言われ、教育分野へも好影響があった。

　幼稚園児が餅つきをした餅を持って特養ホームへ慰問に行くシーンが TV で時々報道され大変心が和む。特養に子供たちが行くことは大変良いことである。しかし年に1回のイベントだけでは、なかなか子供と入所者のふれあいは深くはならない。都万村では、小学生のクラブ活動でボランティアクラブは毎週特養へ訪問していた。最初は「ここに立っていて良いのかな？」と立ち位置も気になり、「どんなことを話して良いのかな？」「真面目に神妙にしておかなければならないのかな？」「笑ってもいいのかな？」などと会話もなかなかできる状態でなく、遠くから入所者を眺めているだけの子供たちが、5回、10回と行くにつれて楽しそうにどんどん会話し、肩をもんだり、介護をしたりする。特養に行った子供たちからは「普通の人だった！（体は不自由でも）」とびっくりして話をしてくれた。そんな子供たちの姿を見て大人は「当たり前じゃないか」と思うが、子供には本当にそうみえたのだろう。たぶん今まで子供たちは「体の不自由な人は普通の人ではない」と偏見・先入観をもっていたのだろう。筆者もこの言葉には大変衝撃であった。

　体の不自由な人はどこのまちにもある一定の割合ではいるはずなのに、今までの特養は隔離されたような場所にあり、子供たちの眼にふれることなく、子供たちから隠されていたのかもしれない。もしかしたら、このように体が不自由な人がまちの真ん中に集まったことにより、ある意味子供たちを含め色々な人々の眼にふれることになり、またふれあってもらうことにより、子どもを含めた住民全体に対し障害者や介護に対する理解が深まったのだろう。特養の盆踊り大会は地区の幼若男女全てが集まり、子どもたちが「どう」や「くどき」を

し、氷水で冷やしたジュースやビールを参加者に配るボランティアをしたり、まさに地区の盆踊り大会のようになっている。「隔離された特養」でなくまさに「開かれた特養」である。このようななかで子どもたちが虚弱者とふれあい色々と真剣に考え、感じることによりいじめもなくなったのかもしれない。

9. 人口増加－過疎化の歯止め効果も期待

最後に、都万村では転入者が増え人口が5年間（平成6年→平成11年）で37人増加（実際は平成14年まで増加を続けた）（図6）。全国一の高齢県であり人口減少が続く島根県でも、過疎といわれる町村のなかで唯一都万村が人口増加の自治体となった。保健・医療・福祉の充実と一体化が「安心して暮らせる村づくり」につながり、村全体の活性化につながった。

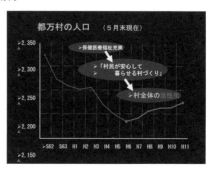

図6

人口増加により村全体が活性化し、「村の産業構造も変わってきた。」と言われるようになるなど保健医療福祉を一大産業と捕らえることもできるだろう。今後地域包括ケアを推し進めていくうえで、もちろん住民サービスを向上させるため保健医療福祉の充実と一体化は欠かせないことであるが、今後はその上に地域の教育、文化、産業などの分野も巻き込んで連携していくことも必要になってくるだろう。そして地域包括ケアの推進がより良い村づくり、まちづくりに繋がっていくものと考えられる。

Ⅱ．岡山県新見市哲西町（人口2800人、高齢化率40％）

（筆者が平成13年から赴任）（図7）

平成17年3月、1市4町が合併して誕生した新しい新見市は岡山県西北端にあり、哲西町はその新見市の西端に位置する。中国山地の南側にあり吉備高原西北端、標高は約360mである。

西の尾瀬といわれる国の天然記念物「鯉ヶ窪湿性植物群落」のある町で、歌

人・若山牧水の代表歌「幾山河 こえさりゆかば 寂しさの 果てなむくにぞ けふも旅ゆく」が詠まれたところでもあり、牧水が宿泊した峠の茶屋の跡地には牧水と妻、長男の三人の歌碑が建てられ、付近には当時を偲ばせる茶屋も復元され、牧水二本松公園として親しまれている。

図7

1．総合福祉施設とまったく新しいタイプの複合施設

平成3年から7年にかけて、平成の丘に総合福祉施設（特別養護老人ホーム、ショートステイ、ケアハウス、高齢者生活福祉センター、在宅介護支援センター、ホームヘルプステーション、デイサービスセンター、老人憩いの家〈ビリヤード場、グランドゴルフ場など〉）が新設され、在宅福祉と施設福祉が一元的に整備されたことで福祉の充実が図られてきた（写真4）。

写真4

平成13年「行政サービスの中心に医療を」という住民の要望（平成9年町民意識調査で、3分の2が診療所新設を要望）を実現する全国的にもまったく新しいタイプの複合施設「きらめき広場・哲西」（写真5）（当時哲西町役場本庁舎〔現新見市役所哲西支局〕・診療所〔無床、CT、電子内視鏡等整備〕・歯科診療所・保健福祉センター・生涯学習センター・図書館・文化ホールがワンフロアでの回廊によ

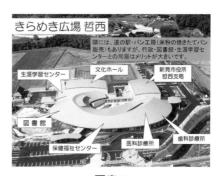

写真5

第二部　医療政策・地域医療学

る機能構成で、来訪者や住民、職員が自由に行き来しやすい構造となっている。）を新設し（写真6）、1年2か月続いた無医町を解消。従来、連携が困難であった行政・保健・医療・福祉・教育・文化などの各種機関を一つ屋根の下に集約し連携することができた。診療所が役場の中に設置されることは全国的に大変珍し

写真6

いが、これは「町民が一番望むものを行政サービスの中心に置くのだ」という当時の町の考えからであった。また、診療所と生涯学習センター、図書館が併設されることも大変珍しく、これらを活かした活動を開始した。

2．医師と町長の同居

　当時は医師が、町長、教育長と同居しており（全国的に稀なこと）、住民の総意である「地域包括ケア」が最重要施策として実践されるにあたり、医師も町の方向性につき適時的確に提言することができた。悲しい事例であったが、元気な独居老人が亡くなって、数日後に発見された。これを教訓に町の施策に大きく反映できたこと（緊急通報システム拡充、保健師増員で状況把握・訪問強化、ホームヘルパーによる軽度生活支援・安否確認、民生委員による訪問、給食サービスにおける安否確認、地区老人会の活動強化、各地区ミニデイサービスの拡充など）も、医師と町長が同居し、話がスムーズにできたからである。また歯科と保健センターの併設が珍しいが、それを活かし成人歯科健診、寝たきり訪問歯科指導を始めた。このように「医療も行政サービスの一環」ととらえ、行政マンも医療に対して理解し、医師も行政の仕組みを十分理解し互いに協力ができるようになった。

3．NPOを設立し市町合併後も地域包括ケアの推進

　以来、「住民の活力は地域の最大の財産」と考え、それを支える「人々の健康づくり」や「子育て支援」、「地域包括ケア」を住民の総意として、また最重

要施策として推進してきた。市町合併が現実味を帯びるに従い、哲西地域に残る行政職員の削減も予想され、このような「きめ細かな住民サービス」の低下が危惧されてきた。加えて「これまでのようにまちづくりを行政主導に頼っていてはすぐに限界がきてしまうのではないか」という危機感が、健康福祉分野だけでなくさまざまな分野から寄せられた。そして住民が立ち上がり住民主導のまちづくりを目指し、平成16年、NPO法人「きらめき広場」、が設立された（まちづくり全般に関するNPOは全国的にも珍しいとのこと、筆者も設立当時から現在まで会員で設立時から平成21年まで理事、活動については後述）。このNPO法人などとともに市町合併後も生活の基盤である医療（健康）を施策の中心におき、各分野と情報の共有や事業の連携により住民に適時適切なサービスの提供がなされている。

4. 町内唯一の哲西町診療所の役割

　哲西町診療所は町内唯一の医療機関として、いつでもどんな相談にも断らず対応する医療（平成17年より医師2名に増員され、あらゆる科の一次医療を24時間体制で対応）を展開している。無床診療所ながらCT、胃大腸電子内視鏡など病院並の高度医療機器が整備されており、適切な診断がこの地でも可能となった。また病院との情報交換を大切にし、病院での受診が必要と判断した患者には詳細に紹介状を書くなど、病診連携にも努めている。更に在宅医療にも力を入れ、訪問診療や往診、訪問看護も行い、在宅終末期医療への対応や特別養護老人ホームの嘱託医療機関としての役割、更には学校医、産業医も担っている。予防医学にも力を入れ、保健・福祉・介護などと連携し住民の健全な生活を支えるよう努力している。

5. 診療所の外来、かかりつけ医として

　外来では、小児から高齢者まで診察し、内科だけでなく外科的疾患も診なければならないため、幅広い知識が必要である。また、定期通院患者の中には、多疾患重複多愁訴の患者もおり、毎回対応に悩まされるが、診療所では、定期的かつ長期的に筆者自身が診なければならないため一つ一つ対応し、患者の訴えの中にある必要な情報をくみ取り根気強く対応することが求められる。根気

第二部　医療政策・地域医療学

強く診察することで、本当に必要なことを見抜く能力が養われる。

　ほんの少しの症状、データなどの変化を見逃さず対応することに心がけ、X線、CT、内視鏡、血液検査などは必ず複数医師のダブルチェックをし、かかりつけ医としての責任感を強く感じながら診療している。結果早期がんも60数件発見された。

6．紹介状の役割

　現在、月約40通の紹介状を記載し、病診連携に努めている。以前筆者が病院勤務の際、情報量の少ない紹介状をいただいてもあまり参考にならず、診療に時間がかかった経験があった。そのため、現病歴はもちろんのこと、処方内容は分かる範囲で他院の処方内容まで記載している。既往歴、検査結果においても詳細に記載し、かかりつけ医の責任感を自覚し、紹介先の病院に失礼がないように心がけ、緊急の紹介状以外は日常業務終了後に時間をかけて記載している。検査結果に関しては、紹介目的の疾患のデータはもちろんのこと、紹介先の病院での診断の助けになればとの考えから、当院で行った最近の検査結果を、心臓超音波検査、肺機能検査なども含め、なるべく全て記載するようにしている。また、過去の CT など retrospective にみると、当時は気付かなかった所見に関しては、「当時は見つけられませんでした。」と正直に紹介状に記載し、画像などを持参してもらっている。紹介状を詳細に記載するためには、カルテをしっかり見返すことが必要となり、その結果検査の抜けが減り、既往歴などの見直しにより、患者さんの状態をよりよく知るようになった。筆者が病院勤務時は、患者を受け入れる立場で、「なぜこの時間帯に送ってくるのか、なぜ同じ患者を繰り返し送ってくるのか、なぜ検査もせずに送ってくるのか。」と思っていたが、診療所に勤務し、夕方往診で患家に呼ばれてしまうと日勤帯を過ぎての患者の搬送になってしまうことや、特養入所中の高齢者は肺炎や尿路感染症を繰り返すことが多いこと、往診先では何も検査できないことが多いことなどが分かり、申し訳ない気持ちで病院へ入院加療をお願いしていることが分かった。

　一般的に、病院からは、診療所は診療レベルが低いとみられているのが実情だと感じている。しかし、当診療所での診療内容及び診断した根拠、当診療所

の思いなどを知っていただくために詳細な紹介状を記載することで、先方の病院からの当診療所に対する評価が上がっているのと同時に、患者からの当診療所に対する評価も上がっていると感じている。紹介状は、単に患者の情報提供だけでなく、たかが一通の紹介状でも時間と手間はかかるが、患者の全てを先方に伝える詳細な紹介状を記載することで、診療所と病院との信頼関係を構築するのと同時に、診療所と患者との信頼関係をも構築する手段に成り得ることを感じている。

7．総合医として最期まで（生涯）診ていく

　日々の診療は、忙しく、大変であるが、診療所に勤務し、専門医ではないからこそ、「臓器別」にとらわれず全身を診ることや背景まで診ることの重要性・大切さを実感している。仮に筆者自身が内科以外の他の科の癌を見つけられなくても、数年間は大病院に行っていても最終的には、その患者は、自宅近くの診療所に戻ってくることが多い。終末期に毎日患家に点滴に行くと患者や家族は「毎日来てくれてありがとう。先生のおかげで自宅に居れる」と言ってくれる。そのようなときは、他の科であろうが早く癌を見つけれなかったことに対する罪悪感がいつも付きまといながら、自分がその患者を最後まで診ていかなければならない。そのため、日々責任感を感じながらほんの少しの症状やデータの変化を見逃さず病気のはじまりではないかと他科のことにも気をつかいながら診療している。

8．在宅医療を通し生活に目を向ける－多職種連携の重要性

　また在宅医療を担い、よりよいケアを考えれば福祉、介護スタッフや保健師との連携は必要不可欠なものとなることは言うまでもない。訪問診療で実際に患者宅に行くことや、主治医意見書の記載時に ADL を中心に詳細に問診、診察することで、患者の生活に目を向けるようになり、介護保険サービスにも目を向けるようになった。また患者だけでなく、家族からの介護の悩みなどの相談に乗る機会も増え、それに答えることにより患者や家族との信頼関係の構築につながっている。さらに多職種のスタッフ（医師や歯科医師、看護師、歯科衛生士、保健師、ケアマネジャー、社会福祉協議会哲西支所長、民生児童委員

第二部　医療政策・地域医療学

長、市役所哲西支局担当課長、保健福祉担当職員、市役所地域包括支援センター職員）が集まり月1回保健医療福祉関係者連絡会議を開催し、個々のケースを検討し情報の共有化を図りケアの方針や今後の方向性を話し合っている。このような地域ケア会議に医師、歯科医師が参加することは珍しいようであるが、参加することで診療時間内だけでは分からない患者さんの普段の様子を、毎日要介護者宅を訪問するホームヘルパーなどからの情報を知ることにより、より適切な診療につながり、あらゆるケアに生かすことができるようになっている。連携相手が物理的にも精神的にも近くにいることにより信頼関係が築かれ、それが生かされている。

9．多職種連携により救われた例、数多い

　そのなかで介護・保健スタッフ等から毎日4－5件の相談が寄せられる。一般的にケアマネジャーなどから「医師は敷居が高く一番連絡が取りにくい存在である」ということをよく言われているが、哲西町では、緊急時はもちろんのこと微熱や腹痛など些細なことでも、高齢者にとっては重篤になりうるので、どんな些細なことでも医師に気兼ねすることなく連絡を入れてもらうことにより、夕方でもすぐに往診に行き、それで肺炎などが早く見つかり助かった事例は何度となく経験している。ホームヘルパーから「薬がしっかり飲めていない」という情報が入り、薬をわかりやすく分包化して、服用する日付と時間を記入して薬がしっかり飲めるようになった事例。意欲が低下し寝てばかりいる高齢者の往診に呼ばれ、すぐケアマネジャーに連絡し、介護用ベッドをすぐに入れてもらい、デイサービスやヘルパーを開始し、歩行が保たれ、寝たきりにならなかった事例。台所の段差で転んだという片麻痺のある患者に往診に呼ばれ、その診療や処置をするのはもちろんであるが、今後の転倒を防止するためその場でケアマネジャー、行政へ連絡し、その後まもなく段差解消のスロープや手すりがつけられた事例。医師が往診時に褥瘡ができていることに気づいたとき処置をすることはもちろんであるが、一晩で大きな潰瘍に発展することがあるので、ケアマネジャーなどにすぐ連絡し、その日のうちにエアマットを敷いてもらうことで悪化する前に対処することができた事例は数多い。このように、医療だけ、福祉だけでは解決できない問題をすべてのスタッフが連携する

ことで即座に解決している。多職種スタッフと一緒に仕事をする上でお互いが一生懸命仕事をし、お互いが顔を知っていること、そして、忙しい中でもコミュニケーションをとる事を心がけることで、何でも話せる環境づくりにつながり、保健や福祉、介護関係者、患者家族などとの信頼関係構築につながり、それがきめ細やかなサービス提供に繋がっている。

なお、哲西町でも特別障害者手当の受給者が6人（平成13年）から15人（平成14年）に増え（受給者数／高齢者数、平成13年0.52％、平成14年1.28％〔p＜0.005〕）、新見地域の他市町よりも有意に多くなり（同、新見他市町平成13年0.50％、平成14年0.51％〔哲西町　平成14年に対しp＜0.005〕）連携の効果が表れている（図8）。

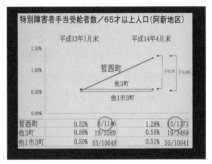

図8

10. チームワークの大切さ

　診療所では毎日の診療が終わったあと、診療所スタッフ全員が出席し、カンファレンスを行っている。一日の出来事、翌日の予定はもちろんのこと、気になったことや失敗談などをスタッフ全員で共有することはお互いの信頼関係を構築する上では大変大切なことだと感じている。また診療以外では、病院経営運営や保険のこと、職場内のチームワーク、雰囲気の大切さについても学んでいる。医師が病院内の仕事だけでなく、病院の外にでて、多方面で多職種とともに活動したり、住民向けの保健啓発活動・健康相談・講演会や地域の行事に参加することで、住民に溶け込み、住民と一緒にまちづくりに参加したりする有意義さ・大切さを知った。またこれらの活動を色々な形で全国へ発信している。医師だけでなく医師以外のスタッフにも全国学会などで、哲西町での取り組みなどにつき色々な方面から発表してもらっている。スタッフみんなで全国に発信していくことで、一緒に同じ方向を向いてより良い地域医療を作り上げていこうという思いになっている。一緒に同じ方向を向いて仕事することほど

第二部　医療政策・地域医療学

心強いことはないし、それがスタッフのやり甲斐にもつながっている。

11．18歳の時の熱い想いが地域医療を支えている

　地域医療の現場では医師は基本的に少数である。若い頃、自分一人で大丈夫なのか不安に思うのも当然である。ましてや専門分野以外の診察は出来れば避けて通りたいであろう。しかし、それでは地域医療は成り立たない。見方を変えれば、専門外であっても総合医として出来ることはたくさんある。

　例えば、深夜に妊婦さんが腹痛を訴えて来院した。筆者は産婦人科の専門ではないが、一通りの検査や診察は出来る。「産婦人科のことはあまりわからないし、産婦人科は訴訟も多く本心はあまり診たくはない」が、わからなければ正直に「わからない」と妊婦さんに伝え、かかりつけの病院に連絡を取り主治医に症状を伝え指示を仰ぐことも可能である。専門医に紹介状を書くことも出来る。専門医と同レベルの対応は出来なくても、妊婦さんは安心し感謝して帰路につくだろう。総合医とはそうやって地域住民との信頼関係を培っていくものだと思う。窓口であるいは電話口で「うちは産婦人科は診ません」と言えば、妊婦さんはきっと良い気持ちはしなかっただろう。決して断らない医療、いつでも何でも対応する医療は国民が本当に望む医療であろう。

　多くの医学生は、「目の前で困っている人の力になりたい」という純粋な気持ちで医師への道を選んだのではないかと思う。このような日常こそ、18歳の時に描いていた医師像の原点そのものではないかと考える。

　自分の専門とする科だけでなくすべての科のことまで、もっと言えば医療のことだけでなく、介護のこと（手すりやベッドのこと、おむつのことなども）、福祉制度のこと、はたまたお金のこと、嫁姑問題のこと、患者はどこからどこまでが「医療」で、どこからどこまでが「保健」「福祉」「介護」と区切って相談はしてこない。（縦割りを決めているのは筆者ら従事者の方である）

　どんな相談にものっていくのは非常に大変である。時には面倒くさいとさえ思うこともある。しかし医師のバックにいる、医師と信頼を築いている多職種の方々（地域包括ケアを組んでいる仲間）に相談すればきっと解決ができる。そして解決できた時には、その患者は相談をかけた医師に「ありがとう」と言ってくれる。医師は得意とする専門としている科の病気を治したときと同じ

ように「ありがとう」と言ってもらえる。ここに地域医療のやり甲斐を感じる人（医師を含め色々なスタッフ）は多い。

12.『ふれあい生き生きサロン』（ミニデイサービス事業）
全地区で継続。ボランティア中心に地域包括ケアの中で運営

このように総合医として地域包括ケアを推進し住民の健康づくりに重点をおいて施策を進めているなか、とくに特色のある事業のひとつとして「ふれあい生き生きサロン」（通称ミニデイサービス事業）があり各方面からのさまざまなスタッフが関与し、そのネットワークを利用して実施しており、この紹介をしたい（写真7）。

写真7

平成12年、介護保険制度の開始に伴い、虚弱だが要介護・要支援と判定されない人や自立した高齢者への寝たきり予防や介護予防、閉じこもり防止等、元気老人対策が必要となったことを受け、ミニデイサービス事業が3地区で開始された。このミニデイサービス事業は、毎年3地区ずつ増えていき、平成15年には全地区に広がって11地区で行われるようになった。対象者は主に65歳以上の高齢者で、各地区の集会所を使用して毎月開催されており、参加者は全会場を合わせると1か月に約300人となり、かなり高い参加率となっている。

この事業の実施主体は社会福祉協議会だが、事業の運営は各地区の老人クラブや各種ボランティアが主体となって行っており、行政、保健師、愛育委員、栄養委員、民生委員、ボランティア協議会、哲西福祉会、ケアマネジャー、診療所、歯科診療所などがサポートしている。事業内容は、ゲームやレクリエーションをはじめ、園児や児童・生徒との交流会、保健師や看護師による健康チェック、理学療法士や、運動指導士による運動教室や医師、歯科医師、看護師による健康座談会などである。毎月11地区で実施するのは大変であるが、社会福祉協議会や行政が主体となって運営するのではなく地域のボランティアが

第二部　医療政策・地域医療学

中心となって運営することで、気軽に参加しやすい雰囲気がつくられ、多くの参加につながっているものと思われる。医師も全地区に最低年1回は参画し、病気の予防などの話をし健康相談をうけたりしながら、老人の生きがいづくりにまでも関わっている。

　参加者へのアンケート調査の結果によると、「これからも必要な事業について」との問いに対し、「健康チェック」が66％と最も多かった。このことは、ミニデイサービス事業が単にレクリエーションや集いの場としてだけでなく、保健師や看護師が健康チェックをしたり相談を受けることで、参加者の満足度が高くなっているものと考えられる。なかには、保健師が健康チェック時に「フラフラする」と相談を受けたことから不整脈を発見し、診療所の医師にすぐ連絡し診療した結果、重症の不整脈とわかり、後方病院との連携によってその日のうちにペースメーカーを装着することができ大事に至らなかったという事例もある。このように保健師や看護師が元気な高齢者を対象とする集団に毎月健康チェックができることで、早い段階での介入ができ健康に対する些細な不安への対応や病気の早期発見につなげることができ、その後も併設する診療所で対応ができるなど、住民にとっては健康で安心して暮らすことができるという条件が整ってきている。

　また、ミニデイサービスに参加するようになってからの健康面での変化については、「健康について用心するようになった」が49％と最も多く、ミニデイサービス事業が始まってから年間を通して健康チェックや運動教室、健康教育を実施したことで、健康に対する意識が向上したものと考えられる。更には、「健康になった」と答えた人が11％もあり、意識の向上だけでなく実際に健康になったと感じる人も現れている。生活面での変化については、「外出する機会が増えた」が31％ともっとも多かった。続いて「友達ができた、友達が増えた」「生活にメリハリができた」が多く、閉じこもり予防の面でも効果をあげている。精神面での変化については、「楽しみができた」が44％と最も多く、次に「ストレス発散の場ができた」が32％と続いている。これらのことから、参加者同士がお互いの近況を報告し合い励ましあって、次回無事会うことを約束するなど、楽しみや生きがいづくりにつながっているものと考えられる。

　このように地区のボランティアが中心となり会場を全地区に広げ、身近な所

で開催されることで、移動手段がない人でもボランティアの送迎などで自由に参加でき、さらに毎月参加できることで参加者の生活の一部になり生きがいにもつながっている。

　本事業が、保健医療スタッフと一緒になって関わることで、対象者の健康意識を高めるだけでなく、対象者が潜在的に抱えている健康への不安を捉え相談にのることで、健康への不安の解消や病気の早期発見に役立っている。

　ミニデイサービス事業を、ただ単に福祉担当者（社会福祉協議会）だけで行うのではなく、地域ボランティア、保健師、医師など地域、保健医療福祉、行政などのあらゆる分野の人たちが連携して実施することで、単に寝たきり防止や閉じこもりの予防効果だけでなく、健康づくり全体への意識向上につながり、健康感も向上させている。そのうえ楽しみや生きがいも生まれ、人と人とのネットワークづくりや地域づくりにも効果が及んでいる。

　このミニデイサービスの特色をまとめると以下のとおりである。①ボランティアが中心になって運営していること②３千人の町でありながら１か月あたりの参加者が約300人と大変多いこと③この事業を単に福祉担当者（社会福祉協議会）だけで行うのではなく、保健医療福祉、地域、行政など、あらゆる分野の連携により実践されていること（地域包括ケアの中で運営されていること）④市町村合併後、全国各地でこのような事業が中止されるなか、こうした体制が崩れることなく引き続き事業が行われていることである。この事業だけの視察のために全国からの訪問者も多数ある。

13. 保健医療と教育文化（生涯学習）産業と連携－子どもを含めた全世代に対する地域包括ケア

　近年、各地で地域包括ケアの重要性が叫ばれるなか、診療所と保健福祉センターとの併設は各地でみられるようになった。しかし、診療所や保健福祉センターと生涯学習センターや図書館の併設は珍しく、また診療所と役場本庁を併設することも珍しい。その有機的連携を足場として行われている事業は高齢者だけでなく乳幼児や小中学生など子どもに対する地域包括ケア事業も多い。ここでの地域包括ケアは、保健・医療・福祉だけでなく教育・文化・産業まで含むものである。

高齢者等に対する事業として、老人クラブ連合会を対象とした「寿学級」などがある。この事業の実施主体は生涯学習センター（公民館）であり事務局もしている。高齢者の生涯学習の一つの大きなテーマとして「健康づくり」があり、老人クラブ連合会活動のなかでも健康講演会をはじめとする健康づくりに対するさまざまな活動や保健活動がなされているので保健スタッフとも連携しながら実施している。また医師や看護師も保健スタッフと協力しながら保健啓発活動、健康福祉まつり〔診療所探検隊など〕、健康教育、各地区健康講座に関わっている。更には、保健スタッフの他、教育委員会、学校、PTAとも連携し、小中学生と保護者に対する血液検査などを通し、おやつやジュースを自ら控えるなど、子どもや家庭の健康意識が向上したり、子どもや家庭の健康づくりにも力を入れている。同じ屋根の下の診療所、保健福祉センターの医師・保健師などと生涯学習センターが協力することにより効果的な活動となっている。

哲西町では平成6年県内初の幼保一元化（幼稚園と保育所を一元化し幼児学園とする、現在認定こども園）を実現し、一貫した幼児教育を実現。乳児保育、一時保育、障害児保育、学童保育も行っている。幼児学園に入る前の乳幼児や母親の交流のために保健師が中心となり母子クラブが結成された。

多くの母親が町外から嫁ぎ、知り合いがいないため育児などに対し不安を抱えていた。母子クラブに参加することにより、母親同士が友達になり相談相手ができ、仲良いグループとなり、それが後に町の特産品である米パンや、ハーブクッキーを製造し販売するグループになり、哲西町の産業を支えている。このように積極的に社会活動をする人も育っている（写真8）（保健と産業の連携）。

写真8

図書館司書、ボランティアが乳幼児健診会場で親子に本の読み聞かせをし、本を紹介する（こころはぐくむ絵本事業－ブックスタート事業）など幼児教育との協力関係が構築された（写真9）（保健と教育の連携）。

第3章　地域医療を実践する－隠岐の島・哲西町・地域医療教育

写真9　　　　　　　　　　　　　写真10

　愛育委員、栄養委員が中学生対象に、赤ちゃんとのふれあい体験事業を乳児健診会場で実施。全国の小中学生の犯罪が報道される中、若い母親から話を聞き、離乳食を作るなどの体験をしながら中学生に、命の大切さを実感してもらっている（写真10）（保健と教育の連携）。地域包括ケアでは、高齢者・障害者に重点が置かれがちであるが、ここでの地域包括ケアはこのように子どもを含めた全世代に対する地域包括ケアが実践できている。

14. まちづくり全般に関わるNPO法人と共に

　市町合併後の地域活力の落ち込みを少しでも防ぎ、新しい時代へ踏み出そうと社会ニーズに柔軟かつ機動的に対応することができる市民セクターの必要性を感じたことが発端となって設立されたNPO法人「きらめき広場」（現在会員数59名、登録ボランティア328名〔平成26年1月20日現在〕）では、合併後の行政サービスの低下を補完することも役割の一つとして担いつつ、まちづくり全般に関わる活動をしている。なかでも子育て支援事業、地域包括ケア推進事業についてはとくに力を入れている。

　「ピアノリサイタル」や「盆踊り大会」、クリーン＆グリーン作戦、田辺育英会の事務、青色パトロールカーによる毎日巡回など「地域安全会」など幅広い活動の他、NPOが哲西図書館の指定管理を受け運営している。19時までの開館と年中無休とし、人口あたり県内トップの利用率・貸出数となった。図書館利用者への幼児一時預かり、週3回の「子育てサロン」、この中で年数回、医師も参加し乳幼児育児中の母親などに子供の病気やけがや生活習慣の話をして

いる。病（後）児保育や子育て緊急応援隊の開設、福祉有償運送事業では単独で公共交通機関を利用することが困難な人に対し、寄付を受けた福祉車両を使い外出支援サービスを実施。また市町合併により市全域の情報が届く反面、身近な情報が途絶えたとの声に応え、住民が作る月刊広報誌「きらりら」の発行。その中に「トピック診療所」の欄も毎月設け、診療所の活動や病気の予防などについて広報している。

15. 健康まつりを民の力で復活

「健康福祉まつり」（写真11）は平成16年まで町が主催して実施していたが、市町合併後は旧市町で各々実施することもむずかしく、また市域が広くなったため統一して新市中心部での実施も困難になり、また財政的な面もあり、見直された結果、開催できなくなっていた。

写真11

しかし、哲西町では「住民の健康づくりを行政施策の中心に」ということで行政を進めてきてやっと成果が現れ始めてきたことや、健康づくりの大切さを認識した住民や各種団体から健康まつりをどうしても哲西で復活したいという声が上がり、これに賛同した15団体が集まり、民間主導によって平成18年度、再び実施された。診療所では医療機器を使ったおもしろ体験で診療所を子供たちにも探検してもらっている（内容については後述）。

まつりは住民にも大変好評であったため、その後毎年実施している。

また、同時に募金活動によるAED設置事業も行い、「きらめき広場・哲西」内に善意によるAEDを設置することができた。

16. 地域包括ケア推進会議

市町合併前に町長の健康づくり施策に対する諮問機関であった「健康づくり推進協議会」がたくさんの施策提言を出し、地域包括ケア、健康づくり活動を

推進してきたが、市町合併後に当地域でこのような協議会がなくなったため、地域の各種団体が集まって会議をすることがなくなり、互いの意見交換や情報交換をすることも少なくなった。これでは、いままでのように各種団体がお互い協力し連携したかたちでの事業展開がしにくくなることも考えられ、このことは、まさに地域包括ケアの根幹にも関わることにもなりかねないことを多くの団体において危惧されるようになった。そこでNPOきらめき広場が音頭をとり、地域の14団体（平成25年12月現在15団体）が集まり「地域包括ケア推進会議」を設立した。この会議は平成18年、「健康福祉まつり」を復活させたいと集まった団体が引き続き今後も地域包括ケア、健康づくり、子育て支援など効果的にすすめていくために自発的に発足したものである。それぞれの団体が健康づくりや子育て支援などの事業を展開しているが、それらの事業を独自に展開するよりも様々な団体が協力し連携して健康づくりの輪を広げて事業を展開するほうが、より多くの効果を生み出し地域包括ケアをさらに高めていくことが可能になるとの思いが発足の根底にあった。これらのNPO活動が評価され、平成19年度は県の食育推進モデル地区の指定を受けた。

　哲西町診療所を運営する哲西会もそのような公益性が認められて、平成21年に県内初の社会医療法人の認定を受けた。これはへき地医療の分野としては全国初、診療所としても全国初の認定となった。

17. 住民皆で地域を支える

　このように哲西町地域においては市町合併後も、地域包括ケアが推進され、多職種の人たちが同じ目的意識を持ち連携し事業に関わることと、地域住民が主体的に事業を実施することで、住民に身近できめ細やかなサービス提供につながっている。これらにより、住民意識にも変化が起こり住民皆で地域全体を支える体制につながってきている。

Ⅲ. 地域医療教育

　筆者は、都万村や哲西町において、医学生（82名〔平成26年1月現在〕、1日～2週間）や看護学生（約300名）（写真12）、研修医、医師、看護師をはじめとしたコメディカル、事務官、コメディカルを目指す学生、そして地元の小中高

第二部　医療政策・地域医療学

生、地域住民、各種団体等に対し、実習や研修、職場体験、インターンシップ、診療所探検隊、学校授業、子育てサロン、ミニデイサービス健康講座、各種健康講演会などを開催し、地域現場で地域資源をフル活用し教育や研修に積極的に携わってきた。

写真12

1．初期臨床研修医の地域医療研修受入（哲西町診療所において）（写真13）

その中でも初期臨床研修医（68名、1週間～9週間、平成16年～平成26年1月現在）の教育にはとくに力を入れてきた。医学生の研修スケジュールは医療、保健、福祉、多職種関係の実習のうち、地域の事情をよく知った上で医療との関わりを理解してもらうため、地域住民宅ホームステイをはじめ地域や住民、保健

写真13

福祉介護や行政とふれあうことに重点をおいているので、多職種・住民関係の実習が多いのに対し、研修医にはできることは全てやってもらう実践型研修としているので、医療が多くなっている。もちろん胃・大腸内視鏡や全身の超音波検査なども全員に経験してもらっている。

① できることはすべてやってもらう実践型研修とし、そのレビューとして指導医の負担にはなるが毎晩2時間その日の全カルテを振り返る症例検討会を必ず実施することにより、幅広い知識や技術の習得の向上につながった。
② 多くが医師を志したときに考えた医者の姿、医師の原点がそのままそこ（地域）にあることを感じてもらい、その気持ちを回帰してくれた。
③ 全人的に生涯診ていくことの大切さを実感してもらっている。
④ 患者や住民から直接の感謝や非難など、良くも悪くも自分の仕事の評価に直

第3章　地域医療を実践する－隠岐の島・哲西町・地域医療教育

面でき、責任感の重さや周囲の期待の大きさを実感してもらっている。
⑤指導医、看護師、保健師、ケアマネジャーの講義はもちろん、市長、副市長、哲西支局長、元町長など、地域や行政関係者など多職種の方々にも講義をしてもらい、また食事会などの懇親会や住民との語る会なども織り交ぜ、行政の考え方や思い、地域での医師の位置付け、期待される医師像など知ってもらっている。これらを通し、行政・保健福祉・介護・教育文化・産業などの分野の人々、更には住民と協働できる楽しみやまちづくりにも関わる面白さも伝えている。
⑥そのなかで医師自身が皆（住民、行政、スタッフなど）に支えてもらっていることも伝え、地域のあたたかさを感じてもらっている。
⑦指導医から地域に一人か二人しかいない医師としての振るまいなど、社会人としての態度や姿勢についても伝えている。
⑧最後に指導医の楽しく生き生き働いている姿をみせることにより地域医療の素晴らしさや魅力・やり甲斐を伝えている。

平成23年から研修終了前に住民が集まって「みんなで語ろう哲西の地域医療」という会を催し、そのなかで研修医にも住民の前で講演してもらっている（写真14）。自身の学んだことや感想をはじめ「他地域からみた哲西町」についても語ってもらっている。住民からは「これからも頑張って」「また哲西に帰って来てね」

写真14

など激励もうけ、住民からもあたたかく育ててもらっている。この会は、住民に研修医の受け入れを理解してもらうのと共に、研修医にこの地域は、住民に支えられていることを実感してもらう狙いもある。（また住民は他地域のことをあまり知らず、他地域と比べることはほとんどないので、改めて哲西町の取り組みに感動され、地域医療の応援団になってくれるようになっている。住民と腹を割って話し合うことで、今後も住民と一緒に協力してよりよい地域医療を作っていこうと意志統一する機会にもなっている。）

第二部　医療政策・地域医療学

　このように研修全般を通し「望まれる地域の医師像」や「地域の活気やあたたかさ」などについて知ることにより、医師が保健福祉や行政、更には住民と深く関わる大切さを実感されている。

２．研修満足度　大変良かった、将来診療所で働いてみたい

　研修を終了した初期臨床研修医62人にアンケートを実施した。

　研修前、「何科を目指すか」の問いに専門科55人、家庭医総合医４人。将来働く場として大病院38人、診療所10人であった。診療所のイメージも「医療レベルが低い」「患者が少ない、暇」「古い」「汚い」「不便」「暗い」などマイナスイメージが多かった。地域包括ケアについてもほとんどが知らなかった。

　研修後、研修満足度についてほとんど大変良い（５段階評価で平均4.8点）と答えた。

　感想として、「病院に届かない小さな声も大切なニーズ」「いつでも何でも診ることはハードだが住民が本当に信頼を寄せている」「この人を何十年も診ていくのだ、という強い意志」「医療レベルは大病院と差がない。もしくはそれ以上」

　地域包括ケアについては「生活やお金のことも考えてあげることも重要」「Dr.の"僕の仲間達に相談すればきっと解決できる"の言葉が印象的」「この地域皆でこの場所を守っていくという皆の思い」

　まちづくり、魅力、やり甲斐については「包括ケアがまちに活気を起こす」「皆が同じ方向を向いて一体感を感じながらまちをつくりあげることの責任、魅力、楽しさを感じた」

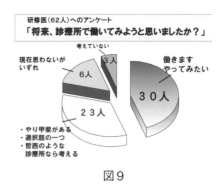

図９

「地域医療とは医療者の頑張りだけではなく住民の協力があってこそ成り立つもの」「住民が信頼を寄せ、その信頼から住民が医師を守ろう・育てようという温かい気持ちが芽生え相互の信頼関係が深まる」「社会人としても成長し人間として幅を広げてくれた」「こんな素晴らしい所で働けたらと何度思ったことか」

と答えてくれた。

研修後「将来診療所で働きたいか」の問いに、30人が働く、働いてみたい。23人がやり甲斐あり選択肢の一つ、哲西のような診療所なら働くと答え、研修後、診療所勤務を望む者が増えた（図9）。

3．元研修医が哲西町診療所へ赴任

地域包括ケアをベースとして多職種や住民などの地域資源をフル活用し、熱意を持って研修医を教育することにより「地域医療」への理解が深まり、当初地域医療を目標としない研修医に対しても効果があり、地域医療マインドを培うこととなった。そして、今後へき地医療に魅力を感じた若い医師が増えることに少し期待がもてるようになった。実際平成18年に1か月間研修に来てくれた鈴木忠広医師（現哲西町診療所所長）が平成22年に茨城県の病院より再度来てくれ、現在医師2名体制でやっている。このように研修した地域に再赴任することが全国でもみられるようになっている。目の前の人の相談を断らず全て相談にのる地域医療医は素晴らしいやり甲斐のある仕事であることに気づき、大学入学時の初々しい「初心」を回帰し、「初心」を実践している地域医療医をロールモデルとして目指すきっかけともなっているのだろう。

4．看護学生　地域看護実習も受入

新見公立短期大学看護学科3年生1日実習（哲西町診療所で233名〔平成15－23年〕）にも関わり、実習前、診療所勤務志望が2名であったのが、実習後はなんと82％が将来診療所で働きたいと答えてくれた（平成24－25年は新見公立大学看護学部3－4年生2日実習となっている）。このように、研修医・医学生・看護学生等が研修に来て、へき地医療、地域包括ケアを肌に触れる事により感化され全員がそれまでイメージしていた診療所との違いに驚き、大半が「将来働きたい」と言ってくれる。近年へき地医療や地域医療の医師不足や地域医療の崩壊が再三報道されているが、今後地域医療マインドを培った医療従事者が増えその中から実際に地域医療・へき地医療を志す者が増えることを望んでいる。

第二部　医療政策・地域医療学

5．地域医療以外の分野へ行ったとしても

　多くは地域医療以外の分野に進むだろうが、他の分野へ行ったとしても「へき地医療・地域医療・地域包括ケアは素晴らしい」と、彼らが地域での見聞を同僚や後進に伝え、一人でも多くの優秀な医師がへき地医療に関心を持ってくれることを期待している。それが世間で評価が低いと思われているへき地医療・地域医療の評価を上げてくれるものと信じながら、そして評価が少しでも上がれば後進に優秀な人材が集まってくれるものと信じて、全ての若い人々に力を込めて思いを伝えているし、今後も伝えていきたいと考えている。そしてより多くの地域医療の仲間をつくり、少しでも多くの医師達と一緒に地域を支えていきたいと考えている。

6．地域医療、総合医としての経験が次のステップに活きてくる

　実際、筆者の同僚のなかには大学に戻り専門医の道を追及したり研究に没頭する人もたくさんいる。彼らは「地域現場を知り総合的な感覚を身に付け、地域住民、行政、保健医療福祉スタッフの気持ちを知っているということは、専門分野に進む上で必須な要素。地域医療は医師として、人間としての幅を広げてくれた」と口をそろえて語っている。

Ⅳ．地域医療崩壊から地域医療再生へ
〜住民・行政・医療関係者が力を合わせて地域医療づくりを〜

　現在、地域医療に様々な問題が生じ、解決が迫られている。

　全国各地で、「地域の病院から医師がいなくなった。医師が確保できない、病院の経営が上手くいかない、地域医療が崩壊した…」といった声が聞かれる。その一方では、「医師を派遣しない大学が悪い、国や県、市町村に策が感じられない…」といった声もあがっている。

　今、地域医療の確保・充実に向けてまず大切なことは、誰かを糾弾することではなく、また医師を供給する側の問題だけにするのではなく、医療関係者、そして行政、さらには住民一人ひとりが、地域医療とそれを取り巻く環境がどうなっているのか、その現状と問題点をしっかりと認識し、まずは、受け止めることが大切である。さらに、地域医療の問題を住民一人ひとりが自分自身の

問題と考え、当事者意識を持ち、問題解決へ向けて臨むことが必要と思われる。

1．新見市でも救急指定病院がなくなった

新見市でも、平成19年から約2年間、救急指定病院がない県内唯一の地域になってしまった。これに対し、地域医療研修会を企画し、特別講演は日本医学会会長高久史麿先生にお願いし、700人の住民が集まった。パネルディスカッションでは、筆者がコーディネーターを務め、医師が減っている新見市の現状を知り、皆で考えた（写真15）。

写真15

①婦人会会長は救急指定病院がなくなり住民として不安であること、また自ら栄養委員の長もされ自分たちの健康活動をしている報告を。
②救急指定病院の看板を下ろさざるを得なかった院長には、医師が減り院長自身が週4日の当直をし、寝ずの診療に限界を感じ倒れそうな激務であり、やむを得なかったこと。
③小児医療を守る会の会長からは1万4千人の署名を集め、新見に小児科医を迎え、その後会員（住民）が月1回集まり勉強会をし、「このような症状なら夜間、小児科医に受診しなくても翌日かかれば良い。」などの勉強会をし、来てくれた小児科医を疲弊させないような活動の報告を。実際に来てくれた小児科医は「いい町だ」と言って長くいて下さっている。住民が地域医療を守り支えるすばらしいケースである。
④市長には市の方向性について。
⑤筆者の方からは医師を「招く」だけでなく、行政や住民も「支え」たり「育てる」ことを提言し、そうすれば来てくれた医師も少しでも長くいてくれるだろうと提言した。

従来、行政や住民が「自分たちは医療に無知だから」と言って、医療関係者

第二部　医療政策・地域医療学

に「おまかせ」状態にしていた「地域医療づくり」は、今や医療関係者だけで推し進めても限界である。住民も積極的に参加し、更に行政、医療関係者が共に手を取りあって輪を広げながら、「地域医療づくり」を推し進めていけば、それが生活と密着した「まちづくり」「地域づくり」へと直結し、ひいては地域の活性化、そしてきっと魅力あるまちづくりへとつながっていくと考える。実際哲西町診療所でもそれまで休日・時間外の件数が500件／年まであったが、この研修会を契機に240件／年まで減り、医師を大切にしようとしてくれる住民の気持ちを、筆者はありがたく感じている。

　哲西町でも前述の「みんなで語ろう哲西の地域医療」という会で、この地域の医療の現状とそれを取り巻く環境、そして決して二度と無医町にならないように、将来継続的にこの地の医療が確保されることなどについて住民と腹を割って話し合っている（写真14）。

　このようなピンチも皆で話し合うことより「今後このまちをどのようにするのか」と、「地域づくり」の機運が高まっていき、皆で「まちづくり」を協働するチャンスになるのかもしれない。ここに地域医療再生のヒントがあるのだと考える。国県レベルでの支援策も当然必要であるがまずは地域自体で皆で真剣に地域医療をめぐる現状と課題を明らかにした上で、限りある社会・医療資源の中でどのようにして地域医療の確保・充実を図るべきかを考えていくことが大切であろう。

　このような地域医療タウンミーティングは岡山県の医療計画でも重要性を言われるようになり、岡山県内でも各地域でなされ始めている。

2．医師を「招く」だけでなく「支える」、「育てる」

　プライマリケアでは継続性の重要性もよく語られるが、地域医療・へき地医療の継続性を担保するための永遠の課題であると思われる医師確保については「招く」だけではなく「支える」「育てる」というコンセプトも大切になるだろう。へき地を支える医師は地元出身もいるが、よそから来た医師が多い。行政は医師を「招く」ことは従前からよくなされるが、招聘した医師を「支える」こと、更に医師を「育てる」ことを今までへき地をもつ自治体ではあまりしてこなかったのかもしれない。

3．地域が医師を「支える」・住民が地域医療を「支える」

　医師を招聘したのち、行政は医師に遠慮もあると思われるが、「おまかせ」といってその地域の医療を医師にまかせっきりで、あまりコミュニケーションがとれていなかったため、よそから招聘した医師が孤立したり、またその家族、特に奥さんも友達がいなく、さみしい思いをしたのではないかと思う。同じ地域医療を守る仲間の一員として行政もそして地域住民もよそ者である医師を、そしてその家族も一緒にまきこみ「協働」し「地域医療づくり」をしていくことが大切だと思う。

　それで「もう１年でも２年でも長くここに居よう」と医師が思うようになれば、しめたものである。行政や住民が一緒に地域医療を「支える」、そして来てくれた医師を「支える」ことも大切であろう。

　例えば、夜中１時に高熱の患者を診て風邪であったとしよう。医師は、夜中起こされ「また眠れないな〜」なんて心の中で思っていても、患者から「ありがとう。先生助かった」と言われると「そんなことないよ」と言う自分（筆者）がいる。「人間はあまのじゃく」なのかもしれない。ある町では「診て当然」という感じで、「医師はそれくらい良い給料をもらってるだろう」「医師は倫理観があるだろう」と言われながら診るようになると、さすがに医師も疲れてくるだろう。医師も聖人君子でなく生身の人間だから。

　「ありがとう」と言ってくれる町か、「診て当然」と言われる町か、どちらで医師は働きたいか。考えてみれば、地域住民が地域医療を「守り」「支える」大きなファクターであると思われる。

　哲西町診療所では、患者・住民が花や手作りの土鈴を持って来て、診療所内を自分の家の様に飾ってくれる。自分たちの診療所として診療所を良くしよう、と盛り立てようとしてくれる。本来はスタッフの仕事であるが。都会では、患者はこのクリニックが嫌なら、隣のクリニックへかかる人もいる。しかしへき地では医者も医療機関も選ぶことができない。いやでもそこしかないなかでの行動である。診療所スタッフが患者・住民を支えているつもりが、反対に住民から支えられていることに気づかされる瞬間である。

第二部　医療政策・地域医療学

4．地域が医師を「育てる」・住民が地域医療を「育てる」

「育てる」ということでは、若い医師や医学生などに研修や実習をしに地域に来てもらい、現場で行政や住民、色々なスタッフが教育し育てていくことの他、哲西では、学校授業、職場体験、診療所探検隊などで地元の小中高生を「育て」ている。年1回行われる健康福祉まつりでの診療所探検隊では地元の子供達や若い親の世代にも、診療所や医療を身近に感じてもらい、さらに地元の地域医療の素晴らしさを共に感じてもらい、地元の医療に興味を持ってもらっている（写真16）。

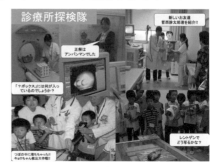

写真16

内視鏡で壺の中にあるおもちゃを見せたり、「ケロちゃん救出大作戦！！」と称し、実際にカメラを操作してもらい壺に落ちたケロちゃんをカンシで救出している。

ダンボールで作った哲西診太郎くんが紙を食べたとのことで、胃内視鏡とカンシで紙をとり出している。

CT室では、断層の写真を見ながら「はてなボックス」の中身を当ててもらっている。アンパンマンなど当たると歓声があがる。

高価な医療機器を使い、ある意味不謹慎であるが、「いつもの診療所とちがい楽しく過ごせた」、「CTなど都会に負けないすごい機械があった」、と好評を得ている。

以前に無医町になった苦い経験から永続的に哲西の医療が守られるように、この中から医師・看護師を目指す者が現れ、いずれ地元に戻り地元の医療を支えてくれたらという願いも込めて一緒に楽しんでいる。

というのも哲西でも過去40年間で6人位の医師を輩出しているが実際には地元へ帰っておらず、哲西を支えているのは他県出身の医師であること。また仮に1人の医師が20〜30年いたとしても引退の時期には行政はまた医者探しをしなければならなくなるからである。

第3章　地域医療を実践する－隠岐の島・哲西町・地域医療教育

やはり地元に愛着がある地元で育った人が少しでも地元に帰り地元を支える（Uターン）というのが本来の姿であると考える。もちろんそれだけではマンパワーの不足もあり地域枠などの制度も必要であろうが、地域枠などの制度だけで、国が医師に義務をつけて地域に行かせる（Iターン）だけでは、根本的な地域医療の問題の解決にはならないような気がする。地域枠をはじめすべての学生や医師をはじめ医療関係者へ、地域医療の魅力ややり甲斐を伝えていくことで地域医療マインドを培い、自ら進んで魅力ややり甲斐を持ちながら地域に赴いてくれることが大切であるが、筆者自身も哲西町の住民のひとりとしての立場から、20〜30年後のこの地の医療の継続性を考えたとき、少しでも本来の姿に近づけるために、自身で今できることは、地元の子どもたちへの「医師としてできる教育」を通して哲西町の良さを哲西町の子どもたちをはじめ住民皆へ伝えることしかないのかな。と考えているからである。

このようにへき地医療・地域医療の課題の解決には、住民、行政、医療関係者の三者の協働と医師を「招く」だけではなく「支える」「育てる」コンセプトが重要なポイントと考える。

Ⅴ．岡山大学の地域医療人材育成講座

平成22年、岡山大学に地域医療人材育成講座が開講された。筆者は開講当初よりこの講座を担当しておりダイレクトに医学生に地域医療の重要性や魅力、醍醐味、やり甲斐を伝えている。「地域枠という義務があるから仕方なく地域医療に赴く」のではなく「地域医療は地域枠の彼らに任せておけば良い」のではなく、多くの医師が「魅力ややり甲斐を感じながら自ら進んで地域に赴く」ことを期待しながら教育に携わっている。

1．地域立脚型の地域医療教育－早期から医学生に体験を

当講座は開講以来「地域で学ぶ、地域で育つ、地域を支える」という基本理念のもと地域医療実習を中心に地域立脚型の地域医療教育に力を入れている。地域医療実習を入学後早期の1年時より1〜2週間ずつしっかりと、在学中複数回、平成26年度より2生を含め全学年対象とし、一部必修化で現在3・4年生で（平成26年度より2・3年生で）、120人全員必修とし1週間ずつ地域

第二部　医療政策・地域医療学

医療現場へ出てもらっている。また5年生では離島実習、5-6年生でも選択臨床実習の地域医療実習も実施するなど地域医療機関の院長・所長をはじめ病院・診療所のスタッフの皆様に協力を仰ぎながら実施している。

　地域の実情を知るため保健、福祉介護関係者や市町村行政の方々、更に地域住民とふれあいの場も設けて頂く等、沢山の地域資源を動員してもらいながら医学生を熱心に育てている。

　実は、入学して間もない頃の授業にて1年生全員を11～12人ずつ10回にわけて「医師の卵として未来の私を考える～自分を見つめる。ロールモデルに出会う」と題し、医学生としての動機づけを図ることを目的に自らの将来の医師像に焦点をあてるワークショップを行っているが、その中で、ほとんどの学生が「目の前で困っている人の何とか力になりたい」という純粋な思いで医師への道を選んでいることがわかる。

　これはまさに「地域医療そのものだ」と考え、1年生からすぐに地域へ出し地域のロールモデルに早くあわせることが大切であると考えている。他大学では1～2日実習が多い中、1年生で1～2週間出すと、学生も受入れ側も最初は、医療を知らないこの時期に「なんで？」「1週間も？」「長い」と戸惑いがあった。学生は初日、大変緊張しているが徐々に慣れていき、そのうち院長やスタッフの地域に対する一生懸命で真摯な姿に触れたり食事会等を通して色々語ってもらい、生き様に触れることになり、うわべだけでなく本質までみえるようになってくる。実習中はWeb学習管理システムで講座教員からも毎日コメントを行い、実習施設の指導医と共に双方向のフィードバックを行っている。

2．実習学生が地域医療に感動、地域医療機関が実習受入で活性化

　実習から帰ってきた彼らの顔は精悍な顔つきに変わり、生き生きと眼を輝かせながら、地域での実習について楽しそうに笑顔で話してくれる。地域の医療自体（保健医療福祉介護を含めた地域包括ケアにも）の素晴らしさに感動していることもさることながら、地域の人々が地域や住民のために誠心誠意尽くされている姿、その「姿勢」や「熱意」、「志し」や「生き様」に多くの学生は感銘を受けている。「いつでもどんなことでもすべて相談にのる医療」を実践す

る地域の先生方に自身の理想とするロールモデルを見出して感動したのだと思う。また多職種の方々と信頼しながら一緒に地域医療を作り上げ、更に地域住民と良い地域を築き上げている事に接し、そのすばらしさを知り、地域医療のイメージを覆されたと多くの学生が感想を述べる等、地域医療マインドの醸成に繋がっている。本当にたくさんのことを学び感じ吸収して帰ってくるので、筆者をはじめ講座スタッフは彼らの成長を肌で感じている。

　また地域医療実習を受け入れて頂いた医療機関からは実習受入前には、「どう育てようか」「どう接すれば良いのか」など戸惑いもあったが、実習を受け入れることにより「病院全体で育てようという雰囲気が醸成できた」「希望に満ちた若い学生が来る事により病院内が活性化した」と言われるようになった。このように地域医療の教育や普及に沢山の方々に関わってもらい、色々な切り口で多くの人々に地域医療に触れて知ってもらう事により、地域医療を支え育てていこうとする仲間作り・環境作りにも繋がっていると感じている。

　以上のように5～6年時の大学病院内で行われる臨床実習に出る前の早期（1～4年時）から全学生に地域医療を体験してもらうことに大きな意義を感じている。仮に専門医にすすむとしても地域医療マインドを身につけ、入学当初の気持ちを忘れずに専門医になってもらいたいと考えている。

3．地域医療実習の感動を学生自身が学生全体へ伝える

　平成25年の1年生は30人近くも夏休みをけずって地域医療実習に参加してくれた。きびしい受験が終わり、初めての夏休み、皆、高校の同級生と遊びたい夏休み。他の授業に勝つことはできても、夏休みにこの実習が勝つことは難しいとも思いながらも、「本当に楽しかったのか？目をつむって手を挙げて！」と言うと、ほぼ全員が手を挙げるほど、実習に参加した1年生が「実習は非常に良かった。地域医療はすばらしい」と感動していた。

　「それではその感動を未参加の同級生全員へ伝え学年全体で共有しよう」と言うと、「地域医療シンポジウム」を自ら企画し、毎年学生の手で開催している。授業を3時間好きなように使って良いと伝えたところ、プログラムやポスター作成、当日の発表や司会はもとより、受付、照明、撮影、さらにはアンケート実施に至るまで、学生自らが企画運営している。沢山の実習施設の指導

第二部　医療政策・地域医療学

医の先生方も参加頂きコメントももらっている。楽しく伝えようとするため途中でじゃんけん大会やクイズ大会もあったが。教員である筆者達が学生に伝えることも大切であるが、学生自身が学生に伝えることで臨場感が増し、学生全体の地域医療への理解が深まった。また、教養中心の1年生の時点で、医師になる目的意識が明確化し、勉学意欲が向上した学生も増えた。

4．複数大学間交流による地域医療の仲間づくり

　複数大学間交流にも手がけ「医学生が考える地域医療とは」と題した医学生中心のフォーラムを開催したり、毎年夏には岡山県地域医療支援センターと合同で、地域枠医学生（岡山大学地域枠と広島大学岡山県ふるさと枠）・自治医科大学学生合同セミナーを開催し将来一緒に働く学生達が地域医療現場を見たりグループワーク等を通し互いの現状や将来への期待や不安等についても共有している。

　また当大学では医学科の学生のみならず歯学・薬学・看護・臨床検査・放射線技師、他・法学・経済・文学・教育・工学・農学・さらに他大学のリハビリ・介護・福祉など様々な領域の学生が地域現場に集りワークショップを開催している。卒業後、地域医療の現場に出てから必要に迫られ、慌てて多職種連携を意識するのではなく、学生時代からその大切さを理解するのと共に、地域医療の仲間づくりの土台を作ろうとしている。

5．講義やセミナーで地域医療の重要性・魅力を伝える

　また大学内では実習の他、各学年での講義や大学院講義を担当している。

　医学概論では「医療と社会、地域医療に携わる」と題し1年生に対し地域医療の重要性と素晴らしさについて熱く語り伝え、3年生の医療政策・地域医療学の講義において実際の事例を題材にしながらプライマリケアと地域医療・地域包括ケアの重要性について伝えている。

　全学年の地域医療実習に出る前に行う講義では「地域医療学総論」「地域医療とまちづくり」「実習に行く前に知っておくべき事柄について」「スタンダードプリコーションズ実習」「模擬患者（SP）との医療面接実習」を行い地域医療に関する基本的な知識やその実例、医療従事者としてのマナー心得について伝

えている。また大学院では地域医療の実践的な講義を行っている。

　また他大学（鳥取大学医学部、和歌山県立医科大学、川崎医科大学、自治医科大学、新見公立大学）でもこれまで地域医療の講義に携わってきた。

　地域医療に関心の深い医学生、保健学科学生や研修医に加え広く医療従事者を対象に地域医療実践セミナーを定期的に開催しミニレクチャーや討論会を行っている（年４－５回）。このように多くの若い人々に地域医療の重要性や魅力について伝えている。

　講義や実習等で地域医療に触れた後、地域医療に魅力を感じ地域枠に新たに加わる医学生も出てきた。

６．地域枠学生を育てる

　地域枠学生ミーティングを月１回程度実施し各々の近況報告や意見交換を行い将来地域医療を担う医学生として学年を越えた繋がりを作る機会としている。地域枠学生との個人面談もし、将来への不安解消にも努めている。

　県知事（岡山県、広島県）と地域枠学生をはじめとする医学生の懇談会では、医学生から地域医療実習で得た貴重な体験などを報告し、知事から地域医療への期待のこもった熱いメッセージをもらい、医学生のモチベーションになっている。

７．入学前教育

　入学前教育、啓発活動では、小学生を対象としたキッズスクール、中高校生を対象とした「ひらめき☆きらめきサイエンス」、高大連携プログラム等を主催、共催し、他科とも共同で医療の面白さを体験してもらうのと共に地域医療の魅力を次の世代に伝えている。

　また医学科のオープンキャンパスでは多くの高校生、保護者に対し、地域枠学生にも協力してもらい、地域医療教育や地域医療の魅力について伝えている。会場には地域医療のブースを出展し個別の質問にも答えている。

第二部　医療政策・地域医療学

8. 関係者皆で地域医療（教育）の将来展望を考え地域医療キャリアプランの提案

　また研修医の地域医療教育の支援や、女性医療人支援、特に出張ミーティングで女性医師の働く姿、その頑張りを、地域住民にも知ってもらっている。生涯教育支援も各種講演会やシュミレーション教育を地域出張でも行っている。またNPO岡山医師研修支援機構、特に地域医療部会と協力し生涯教育にも努めている。

　平成24年には中四国地域医療フォーラムを主催し、中四国と兵庫県にある大学の地域医療関連講座の教員と各県庁の職員が一同に会し、これからの地域医療のあり方や地域医療の教育や卒後のキャリアパスなどについて熱く討議がなされた。このあと、色々な大学の医学生も参加し大学教員、県職員と意見交換をし、有意義な会となった。

　岡山県地域医療センターと協力し、基幹病院や地域医療機関の院長や指導医、大学教員、県職員そして市町村長が一同に会し、「地域医療を担う医師を地域で育てるためのワークショップ」を開催した。"医師が少ない地域へ医師を配置する"という点からだけではなく、地域枠学生などの将来について、自分自身のことのように真剣に考え、"良いキャリアを積むにはどうしたら良いのだろうか"という観点からも非常に熱心に議論された。皆の英知を集めると一見不可能と思えることも色々な可能性が見えてきた。今後も地域枠学生などの地域で働くための卒後キャリアモデルとして、総合医家庭医志望、内科系志望、外科系志望、研究両立などのキャリアプランを提案し、地域医療に従事しながら各々のニーズに応じたキャリア形成ができるよう支援を行ったり、地域住民、地域医療機関、地域枠医師のそれぞれが納得できるような配置基準や、就労環境の整備も行っていかねばならないが、このようなワークショップを通し、皆で今後も様々な課題に対し検討を積み重ねていくことが非常に大切であると改めて感じたのと共に、地域医療を支える礎を皆と築きはじめていることを実感している。

VI.　地域医療再生の鍵 − 熱い地域医療教育と地域のあたたかさ

　将来の担い手である若い医学生・研修医等を地域全体で熱意をもって育てる

第3章　地域医療を実践する－隠岐の島・哲西町・地域医療教育

事と、彼らが地域に残る、あるいは戻ってきたいと思える地域全体の温かい支え（仲間作り・環境作り）こそが地域医療再生の大きな鍵となるであろうが、その礎を今、地域の人々、そしてそれを支える人々と一緒に築き始めている事を実感している。

　「地域医療におけるヒトの育成」という、この「ヒト」とは、医学生・研修医・看護学生など若い医療関係者や保健福祉介護関係者はもちろん、小中高生、更には行政、そして住民、全てであり、「地域医療の重要性・魅力」と「協働することの大切さ」を理解してもらえるよう、すべてのヒトへ、普及啓発していかねばならないと考えている。

　このように今後も地域医療現場と大学（岡山大学の地域医療人材育成講座）の双方からプライマリケア・地域医療・地域包括ケアの重要性と素晴らしさ、魅力とやり甲斐を多くの若い人々に伝えていきたい。

Ⅶ．総合医として

　本来医療に地域格差があってはいけないと筆者は常々主張してきた。過疎地の住民も大都市と同じ医療を受ける権利があると。

　筆者は過疎地においても住民のニーズに応えるべく、幅広く良質な医療を提供できるように、専門に偏らない総合医として、全力で患者と接し住民との間にも信頼関係を築きながら役割を果たしてきた。

1．地道な医療→地域包括ケア→まちづくり

　来る患者を診る<u>待ちの医療</u>から始まり、**いつでも何でも診る医療、切りとらない医療**（24時間365日何科でもどんな相談でも断らず対応する医療）、大病院に負けない！という思いで導入した高度機器で癌の**早期発見**、更に**出前医療**（在宅医療等）を通し**福祉**と連携し、地域へ出ての健康相談など**保健**と連携し**地域包括ケア**を展開。全スタッフが連携し住民一人ひとりを診、それを地域全体に拡げ、さらに子供の健康づくりにも取り組み<u>**全世代**</u>に対しての包括ケアを実践し、それが予防医学の充実や住民サービスの効果的提供、ADL や QOL の向上など数多くの効果を認めた。また<u>**教育**</u>への好影響を与え文化も変え**人口も増え**<u>産業</u>構造が変わり<u>**地域が活性化**</u>し、行政や地域住民が一体となった"**まち**

第二部　医療政策・地域医療学

づくり"へと発展していった。地域包括ケア、イコール保健医療福祉の一体化
とされ、各地で一様の効果は上げているが、それがまさにまちづくりを大きく
変化させていった。まさに医療が町を大きく変えていった。筆者自身も「びっ
くり」であった。本当に多くの人々仲間に支えられできたこと。へき地医療・
地域医療の素晴らしさや、醍醐味・やり甲斐を肌で感じた体験であった。**へき
地医療は本当に面白い。**

　地域ではまさに医療がまちづくりを大きく変えていくと考える。この効果は
自治体経営の観点からも重要で、より付加価値の高いサービス提供が人口流出
を防ぐなど地域間競争での大きなアドバンテージとなりうると考えられる。地
域包括ケアは今後のまちづくりを考える上で欠かせない必須の課題といえる。

2．まずは目の前のことに誠実な対応を

　とは言っても最初からまちづくりを意識することは、日々の診療の中ではあ
まりにも壮大で荷が重いと感じ、どのようにしていけばよいか戸惑い、委縮し
かねない。何も最初からまちづくりを意識していくことはないだろう。まずは
医師を含めた各々スタッフが自身1人では解決できない問題に直面しても、目
の前の患者（住民）から逃げることなくいろいろなスタッフに相談するなど一
つ一つの事例を大切に誠実に対応していくことが大切で、それがまちづくりを
すすめる第一歩と考える。

　解決できないことをさまざまなスタッフの協力で解決に向かっていくことを
繰り返すことにより、さまざまなスタッフ間の信頼関係と連携が強くなり、ま
たすべてのスタッフの協力で問題が解決できれば住民からの信頼も厚くなって
くる。スタッフの連携から地域包括ケアが実践され住民も一緒になったまちづ
くりへ自然と発展していくと考える。

3．へき地医療・地域医療にはまる

　国民皆保険制度上どこに住んでいても同じ医療を受ける権利を有している事
は言うまでもないことである。「へき地だからといって聴診器1本の医療でい
い、より良い医療を受けられないのは仕方ない」というのは違う、と思いなが
らの25年間であった。

第3章　地域医療を実践する－隠岐の島・哲西町・地域医療教育

「いつでも何でも診る！」これを取っ払えば筆者自身「楽だろうなあ」と思うこともよくあったが、しかしそれが住民の一番の望み。それをやめたらすべてこわれそうでやめられないのかもしれない。医師複数体制など色々な方法で対処してでもなんとかやっていきたい。それが筆者自身の原点であるから。

　そう思わせてくれたのは、筆者自身のやりたいこと、目指したいことを応援してくれた仲間、そばにいる診療所スタッフ、保健師や福祉介護スタッフはもちろんのこと、行政の力強い支えと評価があったからだろう。そして何より心温かい住民の皆様に支えられたから。そんな土地に筆者自身も居心地がよかったのだろう。やり甲斐のある仕事に巡り会えて本当によかった、と思っている。へき地医療・地域医療は本当に楽しい。

　医師になって5年目、「へき地医療に灯をともす」といった自治医科大学の建学の精神はどこへやら、本当はへき地診療所へ行くのが嫌で嫌でしょうがなかった筆者が、本当に「へき地医療・地域医療」にはまってしまった。

参考文献

1）佐藤勝：隠岐の島発安心して暮らせる村づくり－保健・医療・福祉の一体化－, リレーレポート郷土の地域医療⑧, 地域医療, vol. 37, No. 1, 48-59, 全国国民健康保険診療施設協議会, 1999

2）佐藤勝：地域包括ケア「保健医療福祉の充実と一体化による効果」, 自治医科大学創立三十周年記念誌, 344-347, 自治医科大学, 2002

3）哲西町町民意識調査結果報告書, 1-75, 1997

4）佐藤勝：地域包括ケアのなかでの健康づくり－住民を中心とした多彩な取り組み－, 介護予防・健康づくりに挑戦！第4回, 地域医療, vol. 45, No. 2, 36(172)-45(181), 全国国民健康保険診療施設協議会, 2007

5）佐藤勝, 松崎靖司, 木村隆次, 森下浩子, 三浦公嗣：座談会地域医療が求める公衆衛生の姿, 公衆衛生情報, vol. 34, No. 3, 6-19, 財団法人日本公衆衛生学会, 2004

6）佐藤勝：へき地・離島救急医療における初期臨床研修医の研修～へき地での地域包括医療の重要性～, 第8回へき地・離島救急医療研究会誌, vol. 6, 73-87, 2005

7）佐藤勝：＜進言＞, 地道なへき地医療活動→地域包括ケア→まちづくりへの展開, 厚生福祉, 5648号, 9, 時事通信社, 2009

8）佐藤勝：「へき地医療は楽しい～多くの人々仲間に支えられて～」, へき地の「いのち」を守り, 育む. 厚生労働, vol. 163, No. 6, 43, 財団法人厚生労働問題研究会・中央法規出版株式会社, 2008

9）佐藤勝：へき地医療にはまっちゃった～地域包括ケア, まちづくりにつながる魅力とやり甲斐を感じながら－多くの人々仲間に支えられ～次世代に地域医療の楽しさを伝えたい, 自治医科大学医学部年報, 第38号, 51-54, 自治医科大学, 2010

第二部　医療政策・地域医療学

10) 佐藤勝：地域医療が要となった教育，福祉と連携したまちづくり，特集．地域医療とまちづくり，月刊地域医学，vol. 26，No. 1，28-35，公益社団法人地域医療振興協会，2012

11) 2010〜2013岡山大学大学院医歯薬学総合研究科地域医療人材育成講座活動報告書，2-45，2013

12) 鈴木忠広、佐藤勝、村瀬奈美、河村智子、髙尾順圭、桑原ひとみ、太田雅恵、安陪こず恵、高瀬佳子：早い時期の診療所勤務で学んだこと，1119-1124，第52回全国国保地域医療学会特集号，公益社団法人全国国民健康保険診療施設協議会，2013

＝ ももたろう先生の『在宅医療の現場で感じたこと』（その４）＝

満足の4000円

　その日訪問すると、孝さんはベッドに寝たままテレビのリモコンで何やら操作していた。肺癌の脊椎転移で寝たきりとなって在宅療養中、奥さんが懸命の介護を続けていた。玄関横に置いてあった自転車は久しぶりに訪れた友達の物であったらしく、ベッド横に座り込んだ友となにやら歓声をあげている。やがて友人は遠慮して自転車で帰っていった。ケーブルテレビの画面はゲームではなく競艇場で水しぶきをあげて走るボートレース中継。楽しそうに画面を操作するのをしばらく一緒に見ながら横から尋ねると、競艇の舟券をインターネットで買ってレースに参戦していたのだという。今では家に居ながらにして舟券を買えるらしい。数日たって孝さんのケアマネジャーから聞いたところ、あの日の競艇で4000円勝って、そのお金を奥さんにあげたことをとても嬉しそうに話してくれたという。

　病気となって思い通りに体を動かすという当たり前のことができなくなると、食事や排泄など生存の基本を全て他者に依存することになる。そのとき身体機能の喪失感に苦しむだけでなく、家族など介護者に対して迷惑をかけてすまない、申し訳ないという気持ちを強く持っていることを我々は見落としがちである。

　人間いくつになっても何かの役に立っていることに自己の存在意義を感じている。90歳過ぎてなお「生きとっても何の役にも立たん」と口にする。たかだか4000円かもしれないが、孝さんにとっては奥さんの介護の労に報いて自分が役に立った、何かしてあげられた、と満足できた4000円だったに違いない。

第4章　在宅医療を実践する
－訪問診療専門クリニック

中村幸伸・小森栄作・金森達也

はじめに（金森達也）

　地域医療と聞いて多くの人が思い浮かべるのは、人口の少ない中山間地域での医療、たとえば岡山なら哲西診療所のような医療施設でしょう。しかし、地域医療は田舎で行う医療という意味ではありません。たとえ都市部であっても、そこに暮らす人々の生活に根づいた医療であれば、それは地域医療といえるでしょう。その都市部における地域医療で注目を集めているのが在宅医療です。

　従来から病院やクリニックが往診などの形で在宅医療を提供していましたが、最近新たに訪問診療を専門としたクリニックが開業され、これまでにない在宅医療が行われるようになりました。そこでは、移動手段を持たない高齢者のみならず、癌の終末期や小児まで幅広い患者さんを対象に、自宅で過ごしたいという希望をかなえるべく、定期的な訪問計画をもとに診療が行われています。患者さんの自宅だからといって決して聴診器一本で診療するわけではなく、血液検査や時には心電図・エコー・レントゲンなどの機器を駆使し、必要があれば高カロリー輸液の管理や訪問リハビリの依頼を行い、病態に応じて地域の医療機関とも連携をとりながら、急変時にも24時間体制で対応をしています。そのおかげで、かつては自宅に帰ることが不可能と思われるような患者さんでも、自宅での療養をすることができるようになりました。患者さんの自宅を病室に、道路を廊下に、電話をナースコールに、クリニックの医師や訪問看護師をスタッフになぞらえると、100人以上もの患者さんを支えるクリニックは、地域における中小病院に匹敵するものといえるでしょう。

　現在では岡山県にもいくつかの訪問診療専門クリニックが開業されています。そこで活躍する多くのスタッフが若い世代であることは、これからの新しい地域医療を予感させるものです。今回はその中から、中村幸伸先生に訪問診療

第二部　医療政策・地域医療学

の概要について紹介して頂きました。また、小森栄作先生には日々の診療風景について綴ったコラムをご用意頂きました（各章の末尾に掲載しています）。

I　地域で患者を支える－訪問診療専門クリニックの概要（中村幸伸）
訪問診療専門クリニックとしての活動

　私が院長を務める「つばさクリニック」（倉敷市）は、2009年に開院した在宅医療に特化したクリニックである。地域医療の中でも訪問診療専門のクリニックはまだ数が少なく、認知度も低い。本章ではより多くの医学生や医療者に知ってもらうべく、当院の取り組みを述べたい。

訪問診療とは

　私は「訪問診療」という言葉にこだわりを持って診療にあたっている。医者が患家に赴いて診療を行うことを「往診」というのが一般的だが、訪問診療と往診は、はっきりと区別する必要がある。訪問診療とは様々な疾病、障害のため通院が困難な方に対して計画的に定期的に訪問して診療を行うことを言い、往診とは突発的な病状の変化に対して患家の求めに応じて緊急的に家に行って診療を行うことを言う。往診が困ったときの都度対応というイメージであり、一方で訪問診療は計画性を持って診療にあたり、体調が悪くならないように、往診の回数が減るようにすることが一番の目的となる。従来行われていた「往診」は、急性期の救急医療－自宅療養の橋渡し的な存在であったと考えられる。対して「訪問診療」は居宅を中心とした包括医療体制といえる。患者を全面的に引き受け、患者を取り巻く多くの医療スタッフの協力の元に行われる「在宅チーム医療」であり、新しい包括的な医療技術と言えるのではないだろうか。

　訪問診療の対象となる患者は疾患にかかわらず「単独で外来通院が困難な方」である。脳梗塞等で寝たきり状態の方はもちろんだが、重度の認知症のため通院に非常に時間と労力を要する場合や、悪性腫瘍の終末期で自宅での緩和ケアを希望される場合もよい適応となる。

第4章　在宅医療を実践する－訪問診療専門クリニック

24時間体制と地域連携

　在宅医療の一番のメリットは24時間いつでも自宅から医療者に相談できる事である。当院でも緊急時の連絡先を文書でお渡しして、いつでも対応できる体制をとっている。24時間365日となると医師、看護師の負担が増えるように思われるが実際にその通りで、一人で全部こなしていてはいつか体がもたなくなるのは目に見えている。これを防ぐためにはグループ診療を行って負担を分け合ったり、地域の医療、介護事業所と連携を取ることが必要となる。グループ診療を可能なものとする為に、医師間、医療スタッフ間で定期的なカンファレンスを開き、患者一人一人の自宅療養に関する相談事や身体の状態等の情報共有を積極的に行っている。他事業所との連携には手紙1枚、電話1本では十分な意思疎通を図ることは困難で、顔の見える関係づくりのために勉強会や講演会、カンファレンスを通して少しずつ互いの距離を縮める努力を要する。

訪問診療専門のクリニックがめざすもの

　訪問診療は当院だけでなく、地域の開業医の医師が各々行っている。外来を行いながらの訪問診療は時間的制約、人的制約も大きく、以前からかかりつけの患者のみを対象としていたり、重症患者の受け入れが困難な場合もある。当院は訪問診療専門ということで「地域を病棟と考えて地域で患者を支える」、「重症患者の受け入れ」、「早期退院支援」を目標に掲げている。以下に実際の症例を提示し、訪問診療の現状を述べる。

独居の患者を地域で支える

　核家族化が進み、一人暮らしの高齢者が増えてくると考えられている。誰の目も届かず、栄養管理、服薬管理が困難ですぐに体調不良を来して入退院を繰り返す患者も多くみられる。介護保険でヘルパー、看護師を限度額いっぱい利用しても連日となれば入れる時間に限りがあり、病院からの医療をそのまま続けようとしても難しい現状がある。

　症例1）62歳男性　先天性精神発達遅滞　糖尿病の患者。独居で生活しており、インスリンが必要な状態であったが自己管理が全くできず末梢神経障害、血行障害による両下腿切断の既往がある。病状悪化、ADL低下から訪問診療

第二部　医療政策・地域医療学

を導入。HbA1C は10.2％であった。1日4回打ちのインスリンは一度も打てておらず、数年分の薬が山積みになっていた。そのままにしていても状態は悪化する一方なので、薬剤師に介入してもらい1日3回の薬を1回にまとめ、インスリンも持続型1日1回として月曜から日曜まで訪問診療、訪問看護、デイサービスのいずれかのサービスを入れて服薬確認、インスリンの施注を行うようにした。毎日2回ヘルパーが入り、食事も一定量は食べるようにした。コントロールは良好とは言い難いが診療開始から3年間、入院せずに自宅療養を続けている。

　自宅で過ごすために最低限必要な内服や処置、目をつぶってもよい事柄を仕分けし、落としどころを見つけることも在宅医療で必要な場合もある。医師の診察だけでなく、看護師、ケアマネジャー、ヘルパー、薬剤師などの多くの職種の協力のもと在宅療養が支えられている。

小児在宅緩和ケア

　多死社会に向かって在宅緩和ケアの重要性が強調されるようになり、自宅で過ごしたいという成人の終末期患者に対しては在宅緩和ケアを受けやすい状況になりつつある。しかし、小児で在宅医療を要する患者、特に小児悪性腫瘍患者の在宅緩和ケアにはまだ壁が存在するように思われる。

　症例2）15歳男児　髄芽腫　9歳の時に発症し脳ヘルニアから心肺停止となり緊急手術を施行。救命できたものの自発呼吸は消失し人工呼吸器を導入。一時在宅療養を行っていたが14歳の時に再発し全身状態が悪化。骨盤内転移から癌性腹膜炎となり、血性腹水を認めた。病院主治医より予後半年程度と判断され、両親が自宅療養を希望し当院からの訪問診療を開始した。定期的な腹水穿刺、ステロイド、アルブミンの投与等の積極的な医療行為を行い、一度は敗血症により緊急入院を要したが、最期は自宅での看取りに至った。

　症例3）5歳男児　急性リンパ性白血病　1歳の時に発症し化学療法、骨髄移植を行った。4歳の時に中枢神経再発を来した。余命数週間と宣告され自宅での看取りを希望し当院の訪問診療を開始。退院後、体調は落ち着き、少量ながら経口摂取も可能であった。病状の進行に伴い、徐々に脳圧亢進症状が出現したためグリセオールの点滴を施行。必要最小限の補液と酸素投与を継続しつ

つ苦痛緩和に努め、鎮静剤としてミダゾラムの投与を行い両親の腕の中で眠るような最期を迎えた。

　上記は地域と連携を行った重症小児の在宅医療の一例である。地域の中で病診連携をすすめ、自宅で過ごしたい小児を支えるシステム作りを行っていく必要性を感じた。また、治療方針に関しては病院主治医だけでなく、ご両親の希望、病状や予後、関わるスタッフ、療養環境など熟慮して対応する必要があり、重症小児在宅医療の難しさを痛感した。

退院のタイミングを逃さない

　年間に何人かは、帰る段取りをしている間に病状が悪化して退院できなくなる方がいる。在宅医療の良い点を知っているからこそ、今なら自宅に戻れるという時の最後のチャンスを逃さないようにする必要がある。

　症例4）65歳男性　悪性胸膜中皮腫　4年前に悪性胸膜中皮腫の診断を受け、化学療法を繰り返していたが徐々に病状が悪化。経口摂取困難となり入院加療を受けていた。徐々に全身状態が悪化し予後は週単位と考えられた。最後は自宅で迎えたいという希望があり当院紹介。×月×日に入院中の病院で退院時共同指導を行って意向を確認。病院側からは在宅環境が整ってからの退院を提案されるも残された時間を少しでも長く自宅で過ごしたいと翌日退院となった。退院当日に初診を行ったところ、すでに経口摂取は困難で、血圧低下傾向であった。それでも本人は自宅に戻ったことを喜んでいた。同日夜から意識レベルが低下し、退院翌日に傾眠となり、退院2日後に自宅でご逝去された。

　送り出す側として、きちんと段取りを整えてからという病院側の配慮も十分に理解できるが、残された時間が短いと考えられる場合には、見切り発車でもよいので、取り敢えず帰ってから考える方がよい場合もある。以前に比べて、介護サービスは短時間で準備でき、困ってからでも間に合うことが多い。帰れずに後悔するよりは「今」というタイミングを大切にしたい。

在宅医療研修のこれから　～シミュレーショントレーニングの活用～

　在宅医療は病院での医療と比較すると、「自宅」という医療者側から見ればアウェイ、かつ密室の中で行われる特異な状況で提供される。これは、医療行

第二部　医療政策・地域医療学

為が医師ひとりひとりの裁量で行われるという点で、その質を客観的に評価することを困難にしており、経験の少ない医師が在宅医療にかかわることを難しくしている一因となっている。

　在宅という現場では、個々の症例で本人の希望、病状、提供できる医療行為、家族背景、介護環境・サービスなどが異なるため、様々なシチュエーションが起こりうる。病院に比べると症例数が限られるため、実際の症例で十分なトレーニングを積むためには多くの時間と労力がかかる。在宅医療への関心を高め、長期的に地域医療を担う人材を増やすためには、医学生や医師を対象とし、在宅医療の現場で行われる医療行為や家族への説明をトレーニングする場としてシミュレーション研修が有用であると考えられる。

II　コラム　ももたろう先生の『在宅医療の現場で感じたこと』(小森栄作)

　これは、地方紙の夕刊で日々の診療について綴ったものです。実際の訪問診療がどのようなものかを知る一助となれば幸いです。

その1　「一病息災」をめざして　22
その2　認知症でも働く力　56
その3　飼い犬も見送り　70
その4　満足の4000円　116
その5　生き方の選択　135
その6　「じょぼれー」に感謝　152
その7　命の教育　162
その8　幸福な人生とは　179

(このコラムは、山陽新聞夕刊の「一日一題」に連載 (2012年12月5日から13年1月30日) したものです。)

第5章　医療政策における地域医療

浜田　淳

はじめに

今、地域の医療・介護をめぐる取り組みが注目されている。

岡山大学医学部でも、2010年に地域医療人材育成講座が開設されたのを契機に、地域医療教育に積極的に取り組んでおり、医学界からも高い評価を受けている[1]。この教科書の対象科目である「医療政策・地域医療学」も新たに創設されたものである。

岡山大学全体でも、地域総合研究センター（通称「岡大アゴラ」）を中心として、様々な地域貢献の取り組みが行われている。私も2012年から本学の「地域と医療」プロジェクトを担当しており、県内の5大学・学校の学生、教員による地域包括ケアのワークショップを各地で開催している。医学系や看護・介護系の学生だけでなく、法・経済・教育学部や工学系の学生・教員も参加しており、地域ケアが各分野から関心を持たれていることを実感している。

われわれは県内の半数近い市町村とも協働作業を行っている。各市町村の状況はさまざまだが、高齢化の進展で医療・介護をめぐる状況はどこも切迫しており、研究者には問題を解決するための知恵が求められている。

実は、こうした状況は岡山県だけの問題ではなく全国的な問題であり、国政における「社会保障と税の一体改革」とも強く関連している。

本章では、最近注目されている「地域包括ケア」の動向と、国における「社会保障と税の一体改革」について述べる。その上で、医療政策における地域医療・介護の位置づけを明らかにしたい。

1　「地域包括ケア」とその動向

厚生労働省が2012年を「地域包括ケア元年」と宣言したのに呼応するように、各地域で「地域包括ケアの体制確立」がテーマとなっている。「地域包括ケア」とは、「高齢者らのニーズに応じた住宅が提供されることを基本とした上

で、生活上の安全・安心、健康を確保するために、医療や介護のみならず、福祉サービスを含めた様々な生活支援サービスが日常生活の場（日常生活圏域）で適切に提供できるような地域での体制」と定義されており、ここでいう「日常生活の場」とは具体的には中学校区が基本である[2]。

つまり、地域包括ケアとは、図表1に示すように、日常生活の場でサービスの提供体制を作っていくことであり、具体的なサービスとしては、予防、介護、医療、生活支援、住まいの5分野が想定されている。

また、行政上の施策だけで体制を作るということではなく、自助、互助、共助、公助をうまく組み合わせて対応していくべき課題とされている。ここで、「自助」とは「自ら働いて、又は自分の年金収入等により、生活を支え、自分の健康を自分で維持すること」、互助とは「隣近所の助け合いやボランティアなどの相互扶助」であり、共助とは「社会保険のような制度化された相互扶助」、公助とは「自助・互助・共助で対応できない困窮などの状況に対し、所得や家庭状況などの受給要件を定めたうえで必要な生活保障を行う社会福祉等の施策」とされている[2]。

われわれは自由な社会で生活する以上、「自助」が基本になるわけだが、高

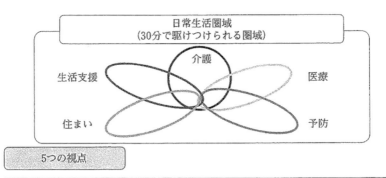

図表1　地域包括ケアの概念

齢化や家族構造の変化、疾病構造の変化によって、「助けたり、助けられたり
する」ことが必要になってきた。特に医療や介護といったニーズは、地域社会
の人々の絆が強ければ「自助」や「互助」で対処できる場合もあるが、地域社
会が高齢化し、独り暮らしの高齢者や老夫婦だけの世帯が増えてくれば、「共
助」や「公助」の役割が大きくなってくる。

　地域包括ケアが注目されるのは、人口の少子高齢化、家族構成の変化という
背景がある。

　まず、人口高齢化については、「2025年問題」がいわれている。図表2に示
すように、2025年には75歳以上の高齢者が2178万人となり、2010年から771万
人増えて、1.5倍に達する。これは、1947年～49年生まれの「団塊の世代」（第
二次世界大戦後のベビーブーマーの世代）がすべて75歳以上になるからだ。日
本はすでに世界一の高齢化の国であり、医療や介護は今でも深刻な問題だが、
医療・介護ニーズが高い75歳以上の高齢者が2025年までに激増することは、
「地域包括ケアの構築」という課題の解決に時間的余裕がないことを意味して
いる。

　次に、家族構成の変化については、世帯主が65歳以上の世帯をみると、2005
年から30年にかけて、夫婦のみ世帯が465万から569万と1.2倍に、ひとり暮ら
し世帯が387万から717万と1.9倍に増加する。3世代同居の世帯がますます減
り、高齢者夫婦世帯や高齢者ひとり暮らし世帯が増大するので、家族の介護力
はさらに弱くなる。

　人口構造や地域社会の状況は、地域ごとに大きく異なっていることにも留意
してほしい。2010年から25年までに75歳以上人口は700万人増加するが、激増
するのは、東京都、埼玉県などの関東圏、愛知県、大阪府などの大都市圏であ

図表2　日本の人口の推移（単位：万人）

	2010年	2025年	2040年
総人口	12806	12070	10707
0-64歳	9881	8414	6876
65-74歳	1517	1478	1645
75歳	1407	2178	2186

出典：国勢調査と社会保障・人口問題研究所推計による。

第二部　医療政策・地域医療学

り、以上の圏域で370万人ほど増える。岡山県も25万人から35万人へと1.4倍増えるが、大都市圏に比較すれば余裕はある。

　市町村単位で2010年から40年までをみると、①大都市では75歳以上人口は激増し64歳以下の人口はさほど減らない、②中山間・過疎地域では75歳以上人口は今後ほとんど増えず64歳以下の人口は大幅に減少する、③地方都市は①②の中間型、といえる。これまで高齢化の問題は中山間・過疎地域の問題として捉えられてきたが、今後は都市での医療、介護ニーズにどう対応するかが、主要な課題になる[3]。

　それでは、各自治体では、実際にはどのような問題が起きていて、どう解決しようとしているのだろうか。ここでは、われわれが協働作業を行っている岡山県岡山市、高梁市という二つの自治体を取り上げる。

（事例その1－岡山市の取り組み）

　岡山市は人口71万人（2010年）の政令都市であるが、高齢者は15万人余りで、そのうち約3万人が要介護・要支援認定を受けている。認定を受けている人のうち6割は認知症を患っている。特別養護老人ホームの待機者が7000人おり、要介護4、5で在宅生活をしている人が700人いる。

　岡山市は医療・介護の資源には恵まれており、人口当たりの一般病床数や医師数は、全国の政令都市の中で3位となっている。人口当たりの訪問看護ステーション数、通所リハビリ定員数、グループホーム定員数も1位となっている（2011年度）。

　問題は、①急性期の病院・病床は多数あるが、急性期の治療後の受け皿が少ないために「社会的入院」を強いられている人が多いこと、②一部では訪問診療・訪問看護が行われているが、市の全域に普及してはいないこと、③医療と介護の連携も不十分、といったことである。

　岡山市では、（ⅰ）医療や介護の関係者による急性期医療や在宅医療の検討会を設ける（ⅱ）医療・介護現場の従事者によるワールドカフェを開催して「顔の見える」関係を作る（ⅲ）一般市民向けのシンポジウムや出前講座を行う、など市役所が主導して活発な活動を展開している。

　介護については、岡山市は国に申請して「介護特区」に指定された。その目的は「介護サービスの質を高め、利用者の自立を支援するためには、どのよう

126

な方策が必要か」を検討し、実施することである。現在、急増する通所介護（デイサービス）のサービスの質を評価して利用者のQOLの増大につなげるための方策の検討が行われている。

　岡山市の試みは、地域住民に質の高い医療・介護サービスをどのように提供するか、ということを、サービス提供と費用負担の双方から検討し、実践するものである。

（事例その２－高梁市の取り組み）

　岡山県の北部の高梁市では、人口減がとめられず、ここ10年間でも人口は15％減少し、2010年には約３万５千人となっている。高齢者数も、2010年ころから微減をはじめ、今後も次第に減少していく。しかし、高齢者の中でも75歳以上の人の割合は増加し、ひとり暮らしや老夫婦だけの世帯は増えている。

　市内の川上地区（旧川上町）では、診療所、老人保健施設、訪問看護ステーションなどを拠点地域にまとめ、地区の住民に対して適切なプライマリケアを提供するとともに、活発な訪問診療・訪問看護を展開している。しかし、このような理想的なケースは例外的であり、市内の中山間地域では国保診療所を12設置しているものの、週に１回だけ午後に医師が診療に来るといったケースも多い。しかも、川上診療所も含めて患者数は減少傾向にある。これは人口減少もさることながら、高齢者が診療所へ通う交通の確保が難しいといったことも背景にある。

　高梁市では、医師会、歯科医師会、社会福祉協議会、ケアマネ代表、老人クラブ、愛育委員、大学教員などが参加して、2013年に医療・介護の問題を考える検討委員会を作った。この委員会では「在宅医療・介護を柱とする地域包括ケアの実現」を目標においた。医療や介護が必要になっても、できるだけ住み慣れた地域で生活を続けることが住民の願いだと考えた。こうした目標をめざして、地域の実情に応じた巡回診療の実施など、公立病院や国保診療所の在り方を提言した。介護については、2014年の生活圏域ニーズ調査を通じてニーズの動向を分析して次期の介護保険計画に反映させることや、訪問看護ステーションの人的な充実、交通手段の確保について提言した。

　地域医療・介護は、住民の意向を踏まえて、地域で決定すべきだ。そのためには、市内の各地域で、住民と医療・介護関係者、行政が地道に対話を重ねる

第二部　医療政策・地域医療学

ことも重要である。そこで「各地域で住民と関係者が対話すること」も提言した。

　高梁市の、「人口減の中での医療・介護サービスの確保」という問題は解決困難な課題ではあるが、私は議論に参加して、有効な解決策を示せる可能性は十分あると感じた。というのは、高梁市では、各地区において地域包括支援センターを中心に、社会福祉協議会、民生委員、ケアマネジャーなどがネットワークを形成しており、ニーズをもつ住民に適切なサービスを提供する基盤はできているからだ。また、医療・介護従事者の「顔の見える関係」を作る努力も始まっており、医師側からも医療・介護連携の働きかけの動きが出てきている。

　地域住民のきずなが強く、住民間のネットワークが強固である、というのは中山間・過疎地域の優位性といえる。こうした優位性をいかして、地域の実情に応じた地域包括ケアの体制を作っていくことは十分可能である。

2　社会保障と税の一体改革

　日本の高齢者（65歳以上）は2975万人で、高齢化率（人口に占める高齢者の割合）は、23.3％に達している（2011年）。このように日本は、すでに世界一の高齢化国家となっている。医療、介護、年金などの社会保障給付費も、2010年度には103兆円に達している。これらの給付費用は、税金や保険料で負担されているが、費用の一部は赤字国債（国の借金）でまかなわれており、負担は将来世代へ先送りされている。それもあって、国の国債残高は総額1000兆円を超えており、財政運営が厳しくなるとともに、将来世代への負担は重くなっている。こうした状況を踏まえて、国においては、「社会保障と税の一体改革」が進められてきた。2014年4月に消費税が5％から8％に引き上げられ、15年10月に10％に引き上げられる予定であるのも、この改革の一環である。

　75歳以上の人が現在よりも700万人増加する「2025年問題」には前節でふれたが、国は、2025年における医療と介護の青写真を、一体改革の中で示している（厚労省「社会保障・税一体改革で目指す将来像」2012年1月）。

　それによると、急性期の医療を今より充実させ（医師や看護師の人員を1.6倍にする）、入院の在院日数を減少させる。患者は急性期の治療を終えたら、

第5章　医療政策における地域医療

亜急性期・回復期リハビリ病院での適切なリハビリをへて、介護が必要な場合にも、できるだけ自宅に戻る。自宅に戻ったら、かかりつけ医による訪問診療や看護師による訪問看護を受けたり、通所介護（デイサービス）や訪問介護（ホームヘルパー）などの在宅介護サービスを受ける。住まいとしては、ケア付きの高齢者住宅を増やして、自宅からの住み替え需要に対応する。グループホーム、小規模多機能事業所も増やしていく。こうした体制が人口1万人程度の中学校区で受けられるようにする。

　つまり、急性期医療を充実させて在院日数を短くすることと、それを実現するための受け皿として、地域包括ケアの体制を作っていくことが目標とされている。患者は日ごろから、地域の「かかりつけ医」のプライマリケアを受け、介護を必要とするようになった場合もその「かかりつけ医」に通院したり、自宅に訪問診療をしてもらうことが想定されている。

　こうした体制を整備するために必要な財源は消費税増税で用意される。2015年までに消費税は5％引き上げられ、増税分はすべて社会保障に使われる。しかし、5％のうち4％分は将来世代への負担のつけ回しの軽減等に使われる。現在は赤字国債でまかなっている部分を消費税で負担するということである。残りの1％分＝2.7兆円が「社会保障の充実」に充てられる。このうち、医療・介護には、病院・病床機能の強化、在宅医療・介護の充実などのために1.2兆円が充てられる。

　以上のように、「社会保障と税の一体改革」では、今後の超高齢化を見通しての、医療、介護サービスの在り方とサービスの費用をどう調達するか、が一体的に考えられている。ここで、「地域包括ケアの構築」といったサービス提供の在り方は青写真として示されるにとどまっているが、具体的にはどのように実現させていくのだろうか。

　日本は、医療、介護ともサービスは民間病院や民間事業所が主体となって提供している。したがって、国や地方自治体が強制的に方向付けを行うことはできず、誘導的な政策にならざるを得ない。政策を実現するための手段としては、医療の場合は、医療法などの法律による規制、診療報酬による誘導、都道府県の医療計画などがある。医療提供の実態が都道府県ごとに相当異なっていることを考慮すると、今後の医療政策は、医療法などで基本的な枠組みは決め

第二部　医療政策・地域医療学

たうえで、都道府県が地域医療ビジョン・医療計画を策定することが重要な役割を果たすと考えられる。2013年8月の社会保障制度改革国民会議の報告でも、都道府県が地域の医療提供の現状や高齢化などによる医療需要の動向を定量的に分析し、その地域の実情に合った「ご当地医療」の在り方を「地域医療ビジョン」として打ち出すことが提案されている。地域医療ビジョンに基づいて、医療計画でより具体的な内容を決めていく。

　いっぽう、地域包括ケアについては、ごく身近な地域で在宅医療・介護サービスが受けられるという目的からすると、市町村が地域包括ケアの計画を作っていくことが現実的だろう。国民会議の報告書でも、2015年からの第6期の介護保険事業計画を「地域包括ケア計画」と位置づけ、各種の取り組みを進めていくことが提案されている。介護保険事業計画は、介護保険の保険者である市町村が3年ごとに定めるものであり、市町村は各年度の介護サービスの需要を予測し、そのサービスをどう整備するかの方策を定めるものである。その中に、在宅医療サービスの需要とその整備方策をもりこむようにしていく。

　松田晋哉氏は、「ナショナル・データベースとDPCデータを活用した医療計画の策定」を提言されている[4]。従来の都道府県の医療計画は、策定自体が自己目的化し、それを実現につなげる手段もなかった。しかし2010年から、厚労省は、すべてのレセプトの収集を開始し、それらはナショナル・データベースとして蓄積されている。一方、多くの急性期病院はDPCの適用病院となり、DPCデータも蓄積されてきている。そのため、現在ではナショナル・データベースとDPCデータという、これまでになかった詳細なデータを活用することによって、地域ごとのサービス提供の現状把握と課題の検討、計画実現のための指標の作成が可能になった。現に、福岡県などでは、これらのデータを活用して医療計画が策定されている。具体的には、たとえば脳梗塞では、その二次医療圏に住む患者は、急性期はその二次医療圏の病院で治療が受けられている。しかし、回復期リハビリや亜急性期の病院は不足しているので、他の二次医療圏での入院に依存しており、在宅医療の実績も少ない、といった課題が定量的に浮き彫りにされ、医療計画に記述される。計画が実際に実現されたかどうかも、外来レセプトに占める在宅関連レセプトの割合などの指標によって事後的に評価することができる。

第5章　医療政策における地域医療

　介護保険事業計画についても、事前に行われる住民のニーズ調査や介護レセプト、医療レセプトを連結したデータによって、どの住民にどのような介護ニーズがあるのか、をはじめとして、需要量の予測や課題の把握が可能になる。このように今後は、定量的なデータに基づく計画の策定と、その計画を実施し、評価する体制の整備が重要になってくるのであり、各都道府県・市町村の行政の力量と研究者の知恵が試されることになる。

　松田氏は、医師などの医療職は診療科や勤務地の選択に大きな自由を認められている以上、医療職が医療提供体制の変革主体にならなければ望ましい改革はできないとも主張されている。われわれも、医学教育の中で、各地域のサービス提供体制の検討に参加できる医療者を育成したいと考えている。

3　医療政策における地域医療
（先進事例－尾道医師会方式）

　各地域における医療・介護サービスの提供については、すでに多くの先進事例がある。

　尾道医師会方式として有名な広島県尾道市の事例では、尾道医師会の経験豊かな開業医が「かかりつけ医」としてプライマリケアをカバーするとともに、急性期病院で治療後のがん患者のターミナルケアや認知症患者のケアを多職種の連携により適切に行う仕組みを構築している[5]。

　がん患者の例でいえば、通常のプライマリケアでがんが疑われた患者が急性期病院での精密検査でがんと判明し入院することになると、病院においてケアカンファレンスが開かれ、治療方針が決定される。尾道医師会方式では、開業医であるかかりつけ医は、病院の「連携登録医」とされており、このケアカンファレンスにも参加するなど、患者が病院に入院中も病院主治医とともに患者に寄り添って診療にたずさわる。

　病院での急性期の治療を終えて在宅に復帰する前段階では、「退院前ケアカンファレンス」が行われる。このカンファレンスには、患者・家族、病院の主治医、在宅主治医など在宅開業医チーム、複数の訪問看護ステーションなど約20名が参加し、病院の担当看護師が司会進行を行う。こうしてプロセスを経て、在宅主治医を中心としたケアチームが痛みや呼吸の管理、精神面でのサ

131

第二部　医療政策・地域医療学

ポートなどを実施することにより、患者、家族は安心して在宅で生活をすることができる。

　尾道医師会方式を推進してきた片山壽医師は、「主治医とは、患者から『先生に命を預けます』と言われる存在。信頼というよりは、信託ですね」[6] と述べている。尾道医師会方式の基盤には、「24時間患者・家族を支える」という医療者たちのマインドと、豊富な経験に基づくスキル（がんの緩和ケア、認知症の診断とケアなど）が存在する。

（先進事例－川上方式）

　一方、中山間・過疎地域でも、地域の実情に即した先進事例がある。ここでは、高梁市川上地区の事例を紹介する。川上地区の方式は、川上医療センター（診療所）を中心に老人保健施設、訪問看護ステーションなどを拠点として町の中心におき、過疎化の進んだ中山間地の人々のニーズをすみずみまでカバーし、地域住民にきめ細かな医療・介護サービスを提供している。特徴としては、旧川上町（2004年に高梁市に合併）において、80年代から町長のリーダーシップのもとに「医療・福祉のまちづくり」が行われ、地区住民に医療や福祉に対する深い理解が生まれて、今日での活発なボランティア活動につながっている。旧町の行政が、在宅介護サービスの実施や訪問看護ステーションの創設を県下でももっとも早期に行ったことも特筆に値する。

　こうした背景のもとに、川上診療所（菅原英次所長）は、高度な「総合医」としての機能を果たすとともに、必要な場合には患者を専門医療機関に紹介し、専門医療機関での治療が終われば患者は在宅復帰し、診療所や訪問看護ステーションが支援をする、という流れを作っている。川上診療所では年間2000件を超える訪問診療の実績があり、訪問看護ステーションでも1700件を超える訪問看護が行われている。

　川上診療所では、「医療の出前」としての訪問診療だけでなく、「医療の御用聞き」として気がかりな住民には看護師が朝夕に電話で状況を確認している。診療所での診療前には看護師による「予診」が行われ、患者・家族や地域の様子を把握するようにする。こうした従事者たちの「地域住民のニーズをまるごと引き受ける」という姿勢が住民の安心、信頼の基盤になっている。川上地区

第5章　医療政策における地域医療

の医療従事者は少なく、診療所は唯一の医療機関であるが、こうした限られた人材や財源をどう生かしていくかという点では、組織のマネジメントのよい例として多くを学ぶことができる。

　以上二つの先進事例を取り上げたが、ここで、医療政策の中での地域医療の位置づけを考えてみたい。現在、高齢者などの医療・介護ニーズにどう対応するかが各自治体で差し迫った問題になっている。同時に、近い将来「2025年問題」が現実化し、特に大都市部では75歳以上の高齢者が激増する。こうした状況下では、地域医療とは、過疎地域の医師・看護師不足をどう解消するか、といった問題にとどまらない。大都市、地方都市、過疎地域のそれぞれにおいて、どのように医療・介護の問題をまちづくりの中で解決していくか、そのマネジメントが問われているのである。

　介護を必要とする高齢者は、医療の必要性も高い場合が多い。したがって、急性期、回復期のリハビリテーション、慢性期といった医療サービスや、介護サービスを適切に提供することが必要となるので、病院間、病院・診療所間の連携や医療・介護の連携が求められている。各地域では、だれが、どのようにして、こうした連携を進めていくべきだろうか。

　宮島俊彦氏は、日本の地域包括ケアで要求されているのは、関係者間の「linkage（つながり・連携）」レベルを超えた「coordination（調整・協調）」レベルのサービスであるとしている。つまり、医療や介護の各担当者が患者の情報を共有し、患者に対するケアの適切性や継続性を確保するために、「ケアカンファレンス」や個々の介護サービス利用者のケアを検討する「地域ケア会議」などの開催がルール化されているレベルが要求されている[7]。その実現のためには、地方自治体、特に市町村の役割が大きいだろう。筒井孝子氏は、地域包括ケアにもっとも必要とされるのは自治体の機能強化であり、特に自治体としての「governance structure（ガバナンス・ストラクチャ）」と「financial management（フィナンシャル・マネジメント）」の知識と技能が求められているとしている[8]。イメージとしては、自治体が事務局となって、医療・介護従事者の代表や地域住民や研究者などが加わって、フラットで柔軟な検討の体制を作っていく。同時に中学校区など、もっと身近な地域で、関係者と地域住民

第二部　医療政策・地域医療学

とが医療・介護問題を意見交換する場を作り、こうした場での意見を中央の議論に反映させていく。住まいの確保や交通の確保など医療・介護を超えるまちづくりの問題も話し合われ、解決方策が検討される。

　医療・介護のニーズの増大に対応して、医療費や介護費用がどう推移し、自治体の負担はどの程度増えるか、国保や介護の保険料がどうなるかといった費用負担のマネジメントも重要な課題となる。

　医療・介護をはじめとする超高齢社会のまちづくりは、これからの日本の中心的な課題であり、医療・介護従事者、研究者に大きな期待が寄せられていることを銘記したい。

引用文献

1 ）松田晋也『医療のなにが問題なのか』p239；東京；勁草書房；2013
2 ）宮島俊彦『地域包括ケアの展望』pp13-34；東京；社会保険研究所；2013
3 ）髙橋泰「高齢化社会にまつわる 3 つの勘違い」；WEDGE；2012年 4 月号
4 ）松田前掲書 pp214-223
5 ）松田前掲書 pp310-338
6 ）島崎謙治「在宅医療と政策」（『明日の在宅医療　第 1 巻』（2008）所収；東京；中央法規）
7 ）宮島前掲書 pp13-34
8 ）筒井孝子「地域包括ケアシステムに関する国際的な研究動向」（高橋紘士編（2012）『地域包括ケアシステム』所収；東京；オーム社）

第5章　医療政策における地域医療

===== ももたろう先生の『在宅医療の現場で感じたこと』（その5）=====

生き方の選択

　82歳の茂さんは長年患った糖尿病からくる慢性腎不全で透析を何度も勧められながらも、透析は受けないと決めていた。腎不全から尿毒症が進行していたが、制約の多かった長い入院生活をやめて覚悟の上で帰ってきた。念願の自宅に戻ったとき「やっと帰ってきた…」といって涙を浮かべていたという。

　それからの2週間、茂さんは家族と気ままに家で過ごした。尿毒症からくる皮膚の痒みと倦怠感の症状を緩和しつつ思い通りに過ごしてもらうことが私にしてあげられることだった。はじめは自宅で点滴もしていたが、尿が出なくなり本人も嫌がったので中止した。入院中の糖尿病食の制限もやめて家では何でも欲しがる物を食べてもらった。夜中に作ってもらったインスタントラーメン、近所の人からもらったどら焼き。ホルモンうどんも食べビールも飲んだ。孫がきたとき散髪もしてもらった。時折近所の人達が見舞いに訪れてベッドの横で世間話に花が咲いていた。次第に衰弱して孫が買ってきた巻き寿司も食べられなくなった。そして家に帰って2週間経った日の夕方、奥さんがいつものように夕食の準備をしようと腰を上げたところで呼吸が止まった。

　人生最期の幕引きを自分で決めて思い通りに過ごした2週間だった。透析を受けながら節制して長く生きる選択肢もあったが、茂さんは短くとも自由に過ごすことを選んだ。最後の時までをどこでどのように過ごすか。それは本人が決めればよいが、たとえ治療に背を向けた選択肢を選んだとしてもその意志を尊重し最後まで寄り添える在宅医療でありたいと思う。

第三部　医療経済学

第1章　医療・介護と経済学

岸田研作

はじめに

　「医療・介護と経済学」という本章のタイトルを目にした人の中には、違和感を覚えた人もいるのではないだろうか。というのも、世の中には、経済学とは、企業経営や投資などについて研究するお金儲けのための学問だと思っている人が少なくないからである。そして、医療や介護は、人々の健康や人権に深く関わるものであり、金銭を扱う経済学という学問にはなじまないと感じる人も多いと思われるからである。しかし、経済学がお金儲けのための学問というのは誤解である。経済学の対象は希少な資源の分配問題であり、希少な資源であれば、時間など金銭以外のものも扱う[1]。また、経済学の目的は、社会全体として望ましい状態を実現する方法を明らかにすることであり、特定の企業や個人が利益を得る方法を探求することではない。このように正しく経済学の対象と目的を理解すると、「医療・介護と経済学」という本章のタイトルに対する違和感もかなり薄れるはずである。

　わが国では、高齢化に伴い、医療や介護の費用が年々増加している。高齢化は今後も続くので、医療や介護にかかる費用が増え続けることは確実である。それに対して、医療や介護の財源となる保険料や税金を主に負担する若年世代の数は減少していく。今後、増え続ける医療・介護のニーズに対応するには、財源だけでなく、医療・介護を提供する人の確保も重要である。このような状況を踏まえると、必要とされる医療や介護を提供するために、限られたお金、人、モノを有効に活用することが必然的に求められる。その方法を探るのが医療経済学と呼ばれる経済学の一分野である[2]。医療経済学が扱うトピックスは非

1　ここで一般的な経済学の定義にしたがい「希少」という語を用いているが、「有限」または「限りある」という語に変えても意味は同じである。経済学に馴染みのない読者にとっては、「有限」または「限りある」という語の方がわかりやすいかもしれない。

2　医療経済学は、Health Economics の邦訳である。本来は健康経済学と訳した方が適切で、対象

136

第1章　医療・介護と経済学

常に多岐にわたる。しかし、紙片の制約があることに加え、経済学の基礎知識を要するトピックスも少なくない。そのため、この節で医療経済学が扱うすべてのトピックスを網羅することは不可能である。そこで、本章では、医療経済学の基本的な考え方を知るのに有益で代表的な概念やトピックスを幾つか取り上げる。なお、医療経済学についてより深く学びたい人のために、章末に邦語の医療経済学の教科書を幾つか紹介している。

　医療経済学は、限られた資源を有効に使うことで望ましい医療・介護の制度設計を行うことを目的としている。このように書くと、直接、医療や介護の制度設計に携わらない大部分の人は、本章の内容を学ぶ意義に疑問を感じるかもしれない。しかし、医療・介護サービスは、制度にしたがって提供され、その財源である保険料や自己負担も医療保険や介護保険という制度によって調達される。つまり、本章の読み手であるあなたが患者という立場であれ、医療や介護の提供者という立場であれ、医療や介護の制度と無関係というわけにはいかない。医療保険や介護保険の仕組みについては、すでに第一部の第Ⅰ章、第Ⅱ章でそれぞれ解説した。本章を学ぶことで、それらの制度の意義を限られた資源分配という観点から理解するとともに、望ましい医療・介護システムについて考える力が養われるはずである。

1. 医療費の増加はなぜ問題か？

　GDP（General Domestic Product：国内総生産）とは、一年間に一国で生み出された付加価値の総額である。消費はGDPの約6割を占め、消費が伸びることは経済が好調で好ましいことと見なされるのが一般的である。ところで、医療費は、医療サービスの消費額である。ところが、医療費の増加は良いというイメージがもたれないことが多い。なぜであろうか？新しい服を着たり、美味しい料理を食べるなど、一般の商品を消費するのは楽しいが、医療を受けるのは楽しくないから？しかし、注射や病院が嫌いな人でも、必要な医療を受けないと病状が悪化してしまい、最悪命を失うことにもなりかねない。また、医療費の負担が重いからといって、過度に医療を抑制するような政策は明らかに

は医療に限られず、介護、保健、予防なども扱う。

137

第三部　医療経済学

望ましくない。医療費の増加は問題なのだろうか？医療費の増加をどう考えるべきだろう？

　国民医療費は1年間の日本の医療費の合計で、毎年ほぼ1兆円ずつ増加している。国民医療費が増加し続けている要因としては、高齢化が指摘されることが多い。高齢者は若い人の5～7倍もの医療費を使っている。そのため、医療費を多く使う高齢者が増えることは国民医療費を増加させる。第一部・第Ⅰ章で解説したように、高齢者の医療費は、その大部分が若い人が加入する医療保険からの支援金や税金で賄われている。税金の多くは若年世代が負担している。そのため、少子高齢化が進むとより少ない若年世代で高齢者の医療費を負担しなくてはならないということになる。この問題は、年金とも共通し、改革案は提起されているものの「痛みを伴う改革」であるため実行は難しく悩ましい問題である。ここでいう「痛みを伴う改革」とは、給付と負担の世代間格差をできるだけ平準化するために、給付の削減や保険料の引き上げが行われる世代が生じるということである[3]。ところが、意外に知られていないのは、医療費の増加要因としては、高齢化以外の要因も大きいことである。小塩（2013）の推計によれば、過去30年間における1人当たり国民医療費の上昇のうち高齢化で説明できる部分は4割程度である。高齢化要因だけでは、医療費の増加を充分説明できないというのは、日本だけでなく、先進国に共通する現象である。それでは、高齢化以外で、医療費を増加させる要因とは何であろうか？

　高齢化以外の医療費増加要因の影響を正確に把握することは難しい。しかし、欧米を対象とした一連の研究は、一国の医療費の増加要因として、新しい医療技術の出現とその普及が大きいことを示している（兪，2006）。新しい医療技術は、従来のものより効果があるものの高価であることが珍しくない。例えば、かつては不治の病と恐れられた癌も早期発見して治療すれば、完治することも珍しくない。早期発見できるようになったのは、画像診断技術の発展のおかげである。私たちが学校や職場などの健康診断で受けるレントゲン撮影は、画像診断の基本であり、それにより多くの疾病を発見できる。しかし、早期の小さな癌を発見するには、CTやMRIといったより高度な画像診断技術

3　年金の改革案について平易に解説したものとして、鈴木（2012）がある。鈴木と同様の発想で医療保険・介護保険の改革案を示したものとして、岩本・福井がある。

が必要とされる。CT は、脳卒中の治療でも重要な役割を果たす。俗に脳卒中と呼ばれる脳出血も脳梗塞であるが、両者の治療方法は大きく異なるからである。しかし、レントゲン撮影の公定価格である診療報酬が、写す部位によって異なるもののせいぜい数千円であるのに対し、CT や MRI では数万円とずっと高い。それでは、高度で高価な医療技術の出現と浸透がもたらす医療費の増加は問題であろうか？新しい治療法や新薬が開発されることで、これまで助からなかった人が助かるなど、私たち国民がその恩恵を享受してきたことは疑いない。そして、多くの国民は、今後も医療技術が発展し、より良い医療を受けることができるようになることを望んでいると思われる。しかし、その反面、伸び続ける医療費の増加を抑制することが大きな政策課題となっている。高度で高価な医療技術の出現と浸透がもたらす医療費の増加の是非を考えるキーワードは、費用対効果である。かかった費用よりも多くの便益を受けていれば、医療費の増加は問題ではない。したがって、便益が費用を上回る医療技術だけを用いれば良いということになる。医療経済学では、医療技術の費用対効果の測定やその手法に関する研究が行われてきた。諸外国では、その成果をもとに、新しい医療技術を保険給付の対象とする判断基準として、費用対効果に優れていることを採用している国も多い[4]。残念ながらわが国では、これまで医療技術の費用対効果を政策に活かす取り組みはほとんど行われてこなかった。しかし、限りある資源を有効に使うためには、医療技術の費用対効果分析が不可欠であることはいうまでもない。そのため、2016年度をめどに、新薬の保険適用の基準として、費用対効果を導入することになった。第三部・V章では、医療技術の費用対効果の測定が最も広く行われてきた医薬品を例に、医療技術の費用対効果の測定方法について解説している。

2．適切な患者の自己負担とは？

　日本ではすべての人がいずれかの公的な保険に入っている。そのため、医療機関で治療を受けたときに患者が支払う自己負担は、かかった医療費の一部で

4　ただし、費用対効果だけを判断基準としている国はない。例えば、イギリスでは、疾病の重症度や年齢などの要素も考慮されている。また、すべての医療技術に対して、費用対効果分析が行われているわけではない。

第三部　医療経済学

ある。患者の自己負担については、第一部・第Ⅰ章で解説している。70歳未満と幼い子供を除いて、自己負担はかかった医療費の3割である。しかし、勤め人については、昔はもっと低かった。また、70歳以上の老人の自己負担割合は現在1割であるが、こちらも昔はもっと低かった。1980年代以降、患者の自己負担割合は引き上げられてきた。たとえば、健康保険加入者・本人の自己負担割合は、1997年9月にそれまでの1割から2割に引き上げられた[5]。さらに、2003年4月から、自己負担割合は2割から現在の3割に引き上げられた。自己負担割合が1割のときに5,000円だった医療サービスの自己負担額は、自己負担割合が2割になると10,000円になる。さらに、自己負担割合が3割になると自己負担額は15,000円になる。自己負担は、患者にとっては医療の値段である。したがって、健康保険加入者・本人の医療の値段は、1997年9月から2003年4月までの5年半の間に3倍になったことになる。皆さんも身近な商品・サービスの値段が上がったという経験をしたことがあるだろう。生鮮食品の値段は、気候などの要因により大きく変わることが珍しくない。しかし、値段が3倍にも上がったモノ（しかも一時的にではなく恒久的に）を目にした経験はほとんど無いのではなかろうか？

　政府が患者の自己負担を引き上げてきたのは増え続ける医療費を抑制するためであった。それでは、今後も医療費が伸び続ける限り、患者の自己負担は引き上げられ続けるのであろうか？また、そのような政策は望ましいのであろうか。その答えを知るには、まず医療保険とモラルハザードの関係を理解する必要がある。

　医療保険におけるモラルハザードとは、全額自己負担であったならば医者に行かなかった人が、自己負担が低いために安易に医者に行ったり、健康を保つ努力を怠ることである。軽症でも安いからといって安易に医療サービスを受けるという行動は、資源の無駄遣いを生じさせ、社会全体としては損失を被ることになる[6]。というのも、安く医療が受けられるということは、患者にとってはありがたいことであるが、自己負担以外の費用は天から降ってくるわけではな

5　健康保険に扶養家族として加入している人の自己負担割合は、1997年9月以前から2割であった。

6　資源の無駄遣いによる社会的損失は、経済学のツールを用いると、消費者余剰の減少として厳密に示すことができる。

140

く、結局は保険料や税金として社会全体で負担しなければならないからである。

　それでは、医療保険におけるモラルハザードを解決するにはどうすればよいか？一番単純明快な解決策は、自己負担割合を100%にし、医療費を全額自己負担にすることである。しかし、これは明らかに望ましい解決策ではない。医療費を全額自己負担にすることということは、医療保険が無い状態であり、医療費という突然で高額な出費というリスクを回避するという保険の機能が消失することを意味する。医療保険におけるモラルハザードの抑制と保険機能の強化にはトレードオフの関係がある。つまり、自己負担を上げてモラルハザードを抑制しようとすれば保険機能が弱体化する。逆に、自己負担を下げて保険機能を強化しようとするとモラルハザードが大きくなる。それでは、ここで最初の疑問に戻ろう。今後も医療費が増え続ける限り自己負担の上昇は避けられないのであろうか？その答えを出すには、そもそも医療サービスのモラルハザードの大きさを調べる必要がある。これまで医療サービスのモラルハザードの大きさを測定する夥しい数の研究が国内外で行われてきた。その成果わかったことは、医療サービスのモラルハザードは、実はあまり大きくないということである（安いからという理由での安易な受診は少ない）（井伊・別所，2006）。つまり、自己負担を増やしても医療費はあまり減らない。むしろ保険機能を阻害するマイナスの効果の方が大きい可能性が考えられる。残念ながら最適な自己負担割合を求めることは技術的に難しく、研究の蓄積も少ない。そのため、経済学者の間で最適な自己負担割合に関するコンセンサスは確立していない。しかし、医療サービスのモラルハザードが小さいことに加え、現在の日本の医療の自己負担割合が、先進諸国の中ではすでに高い部類にあることを考えると、現行の3割負担をさらに引き上げることは望ましくないように思われる。医療費の伸びを適正化する政策としては、医療技術の費用対効果を政策に活かしたり、予防を進めるなど、他の手法を用いた方がよいだろう。

第三部　医療経済学

コラム

医療サービスのモラルハザードはどのように測る？

　本章では、これまでの研究結果は、医療サービスのモラルハザードが小さいことを示していると述べた。それでは、医療サービスのモラルハザードはどのように測るのであろうか？安いからという理由での安易な受診とそうでない受診を区別するのは容易ではないように思われる。

　医療サービスのモラルハザードの計測方法には様々なものがあるが、典型的かつ妥当と考えられている手法は、政府が自己負担割合を変化させる前と後で外来の初診の受診頻度を比較するというものである。外来の初診に着目する理由は、再診や入院の場合、患者だけでなく医師の判断が働く余地が大きいと考えられるからである。自己負担割合の変化の前後で受診頻度の変化が大きい（小さい）場合、モラルハザードは大きい（小さい）と判断される。というのは、自己負担が低いという理由での安易な受診が多い場合、自己負担割合の変化が受診頻度に及ぼす影響が大きいはずであるからだ。

コラム

介護サービスにおけるモラルハザード対策

　介護サービスのモラルハザードを計測する研究はほとんど進んでいない。理由は、介護保険が2000年４月に始まって以降、自己負担割合が一貫して１割のままであるからだ。しかし、介護サービスのモラルハザードは、医療サービスよりも大きい可能性がある。たとえば、注射や手術を好んで受ける人はいないであろうが、訪問介護員が提供してくれる家事サービス（正確な名前は、生活援助）は、たとえ要介護者でなくても値段が安ければ依頼したいと思う人は多いであろう。そのため、訪問介護員を安価な家政婦代わりに使うことを防ぐため、訪問介護員が提供できる生活援助には様々な制限が設けられている。以下に、幾つか例をあげる。

第1章　医療・介護と経済学

1．同居家族の食事の用意をするなど、介護を必要とする本人以外の人のための家事をしてはいけない
2．同居家族がいる場合は、家事サービスは利用できない
3．ペットの世話や庭の草むしりなどは対象外

　上記1〜3の制限について、皆さんはどう思うだろうか？1については、比較的多くの人が納得するだろう。ただし、これまで食事を作っていたお婆さんが要介護状態になり、同居するお爺さんに家事経験がほとんどない場合などは、同居家族に対する家事もしてもいいのではと思う人もいるかもしれない。現在は、訪問介護員は、介護が必要なお婆さんの食事は作って良いが、同居のお爺さんの食事は作ってはいけないことになっている。2については、どうだろう？こちらも賛成する人が多いかもしれないが、同居家族が働いていて日中は独居の場合もある。そのため、日中独居の場合は、同居家族がいても生活援助が利用できる自治体が多い。3についてはどうだろう？要介護になった独居老人は、かわいがっていた猫を飼うことも諦めなくてはならないのだろうか？ペットの世話などは、有料の民間の家事サービスなど、介護保険以外のサービスで対応しなければならないことになっている。どのような状況でどのようなサービスを保険給付の対象とするかは判断が難しく、限られた資源配分の問題ではあるものの、経済学だけでは答えを出すことができないケースも少なくない。このような問題の判断は、財源のみならず、社会が介護が必要な人に対して保障する基本的な権利をどのように考えるかにも依存する。介護保険は、地方自治の試金石とも呼ばれ、地方自治体が保険者である。したがって、生活援助を始め、保険給付とすべきサービスの内容や給付と負担のバランスを決めるには、地域住民の合意が重要であろう。

3．情報の非対称性

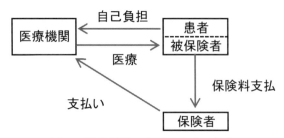

図1　医療保険におけるお金の流れ

　図1は、医療保険を構成する患者（被保険者）、医療機関、保険者の三者の関係を示している。この三者の関係のうち、一般の人々の関心が最も高いのは、何といっても患者と医療機関の関係であろう。どんな治療が受けられるのか、自己負担はどれくらいかかるだろう、などなど。次に関心が向くのは、被保険者と保険者の関係であろう。勤め人であれば毎月の給料から健康保険の保険料が天引き徴収されるし、自営業者なら在住する市町村に国民健康保険の保険料を自分で払わなくてはならない。保険料が高いと感じたり、保険料が決まるルールについて関心・疑問をもったことがある人は少なくないであろう。しかし、図1に示された三者の関係のうち、保険者と医療機関の関係について考えたことがある人はほとんどいないのではなかろうか。ところが、保険者から医療機関への支払い方式によって、患者が受ける医療の内容は大きな影響を受ける。

　保険者から医療機関への支払い方式には、大きく分けて2つある。一つは出来高払い制であり、行った医療行為に応じて支払いがなされる。もう一つは包括払い制である。包括払い制のもとでは、行った医療行為に関わらず、保険者から医療機関に支払われる金額は同じである。

　出来高払い制のもとでは、医療行為をすればするほど収入になるので、必要性が少ない検査や投薬が行われるなどの過剰診療が行われやすいという欠点がある[7]。過剰診療が望ましくないことはいうまでもないが、完全に防ぐことは難

---

[7]　出来高払いによる過剰診療を防ぐために包括払い制が最初に導入されたのは、老人病院である。髙木（1996）は、包括払い制の導入後に、老人病院の検査、投薬、注射が4割程度に減少し

しい。それは、医師と患者の間、そして医師と保険者（より正確には審査支払機関）の間に情報の非対称性があるからである。情報の非対称性とは、当事者の一方が他方よりも多くの情報をもっていることである。昔に比べるとインフォームド・コンセントが普及してきたが、医学に関する知識に関して、患者と医師では大きな差がある。そのため、患者が、スーパーで買い物をするように、自分の判断で治療内容を決めることはできず、治療内容の決定には医師の裁量が働く余地が大きい。また、審査支払機関は、診療報酬明細書をチェックするものの、過剰な検査と疾病の見落としを防ぐための慎重な検査を区別するのが難しいなど、過剰診療を特定するのが難しい場合が少なくない[8]。さらに、審査支払機関に送られる診療報酬明細書の数は膨大なので、一枚の明細書の審査にかけることができる時間は極めて限られている。このように、情報の非対称性を利用して医師が提供する過剰な医療を、医療経済学では「医師誘発需要」と呼んでいる。

　過剰診療が生じる状況では、政府の医療費抑制策や経済学者が重視する市場競争が思い通りの効果をあげない可能性がある。国は医療費削減のため、2000年代半ばに、診療報酬の引き下げを行った。診療報酬の引き下げは、医療機関の収入を減少させる。しかし、医療機関は、過剰診療を行うことで収入の減少を緩和する可能性が考えられるからである。また、人口当たりの医療機関の数が多く、医療機関の間の競争が激しい地域ほど、医療機関は収入を確保するため過剰診療を行う可能性が考えられる。このような医師による誘発需要の存在の有無を検証した研究が国内外で多数行われ、諸外国では、誘発需要の存在を示唆する結果が得られている（湯田，2011）。誘発需要の存在を検証する典型的な分析手法は、人口当たり医師数を医療サービス市場の競争の指標とし、人口当たり医師数が多い地域ほど人口当たり医療費が高ければ、誘発需要があると解釈するものである。しかし、人口当たり医師数と人口当たり医療費の間に正の相関関係が観察されたとしても、それを誘発需要がある証拠と解釈するこ

たことを示す厚生労働省及び独自の調査結果を示している。
8　審査支払機関は、診療報酬明細書に書かれた病名と医療行為の対応をチェックする。しかし、そもそも診療報酬明細書に書かれた病名が正しいかという問題がある。医療機関は、保険からの支払を認めてもらうために、医療行為に対応した病名を診療報酬明細書に記載することがあることが知られている。

第三部　医療経済学

とは早計である。というのは、人口当たり医師数と人口当たり医療費の間に見られる正の相関関係は別の要因によってもたらされている可能性があるからである。たとえば、医療ニーズが高い住民が多い地域に医師が多く集まることによっても人口当たり医師数と人口当たり医療費の間には正の相関関係が生じる。自然科学と異なり、制御された環境での実験が難しい社会科学では、真の因果関係を検証することが難しいことが多い。そのため、経済学は、見せかけの因果関係を排し、真の因果関係を検証する統計的手法が最も発達した分野である。しかし、現在のところ、わが国ではデータの制約もあり、診療報酬の引き下げや医療機関の競争が、過剰診療を引き起こすかについて確定的な結果は得られていない。先進諸外国と比べると、わが国では、重要な政策課題の分析に必要なデータの整備で遅れている面が多く、今後の大きな課題である。

　もう一つの支払い方式である包括払い制では、行った医療行為に関わらず、保険者から医療機関に支払われる金額は同じである。そのため、医療機関は医療行為を行うほど利益が少なくなるため過少診療が生じる可能性がある。包括払い制の具体的な制度は、国によって異なるものの、アメリカの包括払い制を対象とした研究では、包括払いが過少診療をもたらすという結果を示すものもある。しかし、現在のところわが国では、過少診療による弊害を示す明確な証拠は報告されていない。現在、わが国では、急性期の入院医療に対して病気の診断群分類による包括評価（DPC）を用いた1日当りの包括払いの導入・普及が進められている。この方式を導入することで、医療機関ごとの詳細な診療行為の情報を、医療機関間で比較可能な標準的な様式で収集することが可能になった。それにより、「根拠に基づく医療」のコンセプトに添った医療の標準化を医療機関に促すことで、不適切な治療の見直しによる医療の質の向上や不必要な治療の削減による効率化が期待されている（松田・伏見，2012）。「根拠に基づく医療」とは、臨床研究などの科学的な根拠にできるだけもとづいて治療方法を選択することである。これまでわが国の医師は、自身の経験や勘で治療法を選択する「我流」の治療が多いことが指摘されてきた。

4．民間保険と社会保険

　日本に住む全ての人は、いずれかの公的な医療保険に加入しなければならな

い。これを皆保険という。公的な保険は、社会保険とも呼ばれる。最近は、民間の保険会社の医療保険のコマーシャルをテレビで目にすることが多くなってきたが、民間保険の加入は任意である。社会保険も民間保険も、医療費という突然で高額な出費というリスクを回避するという点では同じであるものの、保険料の決まり方は対称的である。社会保険の保険料は、負担能力に応じて決まり、疾病になるリスクには関係ない。たとえば、20歳の人と50歳の人では、50歳の人の方が多くの医療費を使う。しかし、仮に両者の収入が同じで同じ都道府県の協会けんぽに加入しているとすると、負担する保険料の額は同じである[9]。それに対して、民間保険の保険料は収入に関係なくリスクに応じて保険料が決まる。そのため、20歳の人と50歳の人が同じ民間保険に加入する場合、50歳の人の方が20歳の人よりも保険料が高い。ここ数十年、民間でできることは民間に任すという「官から民へ」が時代の潮流となっている。それでは、社会保険はなぜ必要なのであろうか？民間保険しかなかったら、どのような問題が生じるだろう？

　社会保険の存在意義は、保険に入っていない人をなくすためである。収入に応じて保険料を決めないと保険料を負担できない人が出てくる。また、リスクに応じて保険料を決めると、高齢者や有病者などリスクの高い人は保険料が高くて払えなかったり、保険会社に加入を断られることがある。アメリカは先進国では唯一民間保険中心の国である。そのため、国民の約17%が医療保険に加入しておらず、自己破産で最も多い理由は医療費である。保険に入っていない人の存在は、大きな社会問題となり、2009年に就任したオバマ大統領は、低所得者に補助金を出すことで、保険に入っていない人（以下、無保険者）を減らす政策を打ち出した。

　社会保険の保険料は、負担能力に応じて決まり、疾病になるリスクには関係ない。そのことは暗黙的に、所得が高くリスクが低い人から、所得が低くリスクが高い人への再分配が生じることを意味する。健康に深く関わる医療を受ける権利はすべての人に保障されるべきという考えにもとづけば、このような再分配は肯定されるだろう。日本人の多くは、このような考え方に賛同している

9　協会けんぽの保険料率は、都道府県ごとに決まっている。

第三部　医療経済学

と思われる。しかし、人によっては、自分は健康で医者にはほとんどかからないし、収入が多いからといって高い保険料を取られることには納得いかないと感じる人もいるかもしれない。事実、アメリカでは、無保険者を減らすオバマ大統領の政策に反対する人も多いが、その理由の1つは、低所得者が保険に加入するために支給する補助金が、高所得者への課税によって賄われるからである。社会保険の成立や社会保険による再分配には国民の納得・合意が必要だ。

　経済学では、民間保険が抱える問題点として逆選択が指摘されることが多い。逆選択は、保険者が、被保険者のリスクを正確に把握できない場合に生じる。ここで説明の単純化のため、保険者は加入者のリスクを全く把握できない状況を想定する。それに対して、保険加入者は、自分の生活習慣や病歴などから自分の疾病リスクを把握しているものとする。その場合、加入者のリスクを把握できない保険者は、加入者に対して一律の保険料を課すことになる。すると、健康な人たちは、自分が払う保険料と使う医療費を比べて割に合わないと考え、保険から脱退してしまう。残された人たちは、より疾病リスクが高いので、保険会社は採算をとるため保険料を引き上げなければならない。保険料が引き上げられると、残された保険加入者の中で相対的に健康な人たちは、自分たちが払う保険料と使う医療費を比べて割に合わないと考え、保険から脱退してしまう（図2）。すると、さらに保険料が引き上げられることになる。

　このようなプロセスが続くと、最終的には保険が消滅してしまうか、保険が成立したとしても過少供給になってしまう。以上のような逆選択が、アメリカで無保険者が生じる原因となっているという指摘がある一方、保険者によるリスク選択が無保険者を生み出しているという指摘もある。保険者によるリスク選択とは、保険会社が、疾病リスクが低く、会社にとって採算の良い人を選択的に加入者とすることである。逆選択とリスク選択のどちらが生じるかは、保険会社のリスク把握能力に依存する。それは時代によって異なる可能性がある。アメリカにおける民間保険の動向と逆選択、リスク選択については、河口（2012）が簡潔にわかりやすくまとめている。

第1章 医療・介護と経済学

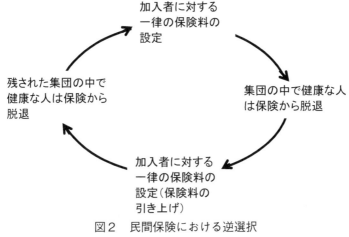

図2　民間保険における逆選択

5．外部性

　たばこは、肺がんをはじめとする様々な病気になるリスクを引き上げることが知られている。2010年10月、たばこ税が1箱70円と大幅に引き上げられ、小売価格は100円以上の値上げとなった。たばこ税の引き上げは、たばこ価格の上昇を通じて、たばこの消費量を減少させる。そのため、たばこ税の引き上げは、国民の健康増進という観点からは望ましい政策である。しかし、愛煙家の中には、自分はたばこの有害性を充分承知して吸っているので、たばこ税の引き上げは余計なおせっかいだと言う人もいるかもしれない。そのような主張も、あながち間違いとはいえない。経済学の理論によれば、市場メカニズムが健全に働いている状況では、市場取引によって決まる価格のもとで効率的な資源配分が達成され、政府が価格に介入することは有害無益であるからだ[10]。効

10　効率的な資源配分は、消費者余剰と生産者余剰の合計の最大化として示される。消費者余剰とは、ある商品の全ての消費者がその商品の消費から得る満足度を金銭評価したものの合計である。生産者余剰とは、その商品を生産する企業の利潤の合計である。ただし、以上の説明は、経済学を専門としない人向けの直感的な説明であり、正確なものではない。消費者余剰の正確な定義は、全ての消費者がある商品を購入するにあたって支払ってもよいと考える最も高い金額の合計と実際に支払った金額の合計の差である。また、生産者余剰の正確な定義は、全ての企業の利潤と固定費用の合計である。固定費用とは、工場の機械・設備など、短期的には変動しない費用を指す。経済学の教科書では、消費者余剰と生産者余剰について、需要曲線と供給曲線を描いた図を用いて、視覚的にわかりやすく解説している。

第三部　医療経済学

率的な資源配分とは、資源が無駄なく有効に活用されている状態である。したがって、政府が行うべきことは、たばこの害に対する教育であり、たばこ税の引き上げではないということになる。しかし、市場メカニズムが健全に働くには、独占がないことをはじめ、幾つかの条件がある。その１つは「外部性」がないことである。そして、たばこには外部性がある。

　外部性とは、ある個人・企業の行動が、市場取引を経ないで他の個人・企業に影響を及ぼすことである。たばこの外部性として代表的なものは副流煙による周辺の人に対する健康被害である。最近は分煙も進んできたが、居酒屋や食堂などで、近くの人が吸うたばこの煙を迷惑に感じたことがある人は少なくないであろう。しかし、副流煙を吸ったからといって、たばこを吸う人に迷惑料を請求することはできない。これがたばこの外部性である。外部性には他の個人・企業に良い影響を与える正の外部性と悪影響を与える負の外部性がある。たばこの副流煙は、もちろん負の外部性である。負の外部性があるもとでは、市場メカニズムで決まるたばこの消費量は過大になり、効率的な資源配分が達成できない。

　なぜ、たばこの消費量が過大となるのか？それは喫煙者が副流煙による他人の被害を考えず、たばこの値段と喫煙による快楽および自分自身の健康に対する影響のみを考慮してたばこを購入し消費するからである[11]。負の外部性がある場合に過大となるたばこの消費を抑制する手段として、たばこ税によるたばこ価格の引き上げがある。税というと、政府が収入を得るための手段というイメージが強いが、外部性による市場のゆがみを是正するためにも使われることがある。

　冬になるとインフルエンザの予防接種を受ける人もいるだろう。インフルエンザの予防接種は医療保険の給付対象になっておらず、予防接種の値段は医療機関が決めている。しかし、税金による補助があるので、予防接種を受ける人は全額自己負担しているわけではない。他の予防接種にも税金が使われ、無料で受けることができるものもある。なぜ予防接種には補助金が投入されるのだろう？所得が低くて受けることができない人もいるかもしれないが、その場合

11　もちろん、喫煙者でも周辺の人に対する副流煙をある程度考慮する人はいるであろうが、それでも副流煙の被害が現にあることから完全に考慮しているとはいえないであろう。

150

は低所得者に対してのみ補助を行えばよく、すべての人に対して行う必要はないはずである。しかし、予防接種に対する補助金の投入は、正の外部性によって正当化できる。私たちが予防接種を受けるのは、自分が病気になりたくないからである。しかし、予防接種は、予防接種を受けた人の罹患率（病気にかかる確率）を下げるのみならず、予防接種を受けた人の周囲の人の罹患率も減少させる。周囲の人の罹患確率が減少するのは、予防接種を受けた人から感染する確率が減少するからである。予防接種のこのような副次的効果が正の外部性である。しかし、私たちが予防接種を受けるか否かを決める場合、疾病の重症度や罹患率、予防接種の値段などは考慮しても、周囲の人への感染まで考慮することはほとんどないであろう。そのため、市場取引で決まるインフルエンザの予防接種の価格では、接種量が過少になる。そこで予防接種の価格を下げるため補助を行うのである。予防接種に対する補助金は、先ほどのたばこ税と同様、外部性による市場のゆがみを是正する役割がある。

参考文献

1）井伊雅子・別所俊一郎（2006）「医療の基礎的実証分析と政策：サーベイ」『ファイナンシャル・レヴュー』第80号
2）岩本康志・福井唯嗣（2009）「第4章　持続可能な医療・介護保険制度の構築」津谷典子・樋口美雄編『人口減少と日本経済』，日本経済新聞出版社
3）小塩隆士（2013）『社会保障の経済学［第4版］』，日本評論社
4）河口洋行（2012）「第6章　公的医療保険はなぜ必要か－需要の不確実性と逆選択」『医療の経済学［第2版］』，日本評論社
5）鈴木亘（2012）『年金問題は解決できる！積立方式移行による抜本改革』，日本経済新聞出版社
6）高木安雄（1996）「第5章　高齢化による医療費増加と医療政策の課題－老人病院の改革と長期入院の是正対策の実態と問題点－」社会保障研究所編『医療保障と医療費』，東京大学出版会
7）兪炳匡（2006）『「改革」のための医療経済学』，メディカ出版
8）松田晋哉・伏見清秀編『診療情報による医療評価－DPCデータから見る医療の質』，東京大学出版会
9）湯田道生（2011）「第8章　誘発需要と情報の非対称性」橋本英樹・泉田信行編（2011）『医療経済学講義』，東京大学出版会

第三部　医療経済学

さらに学びたい人のために

橋本英樹・泉田信行編（2011）『医療経済学講義』，東京大学出版会
　　海外では多数の優れた医療経済学の教科書がある。本書は、日本人研究者による医療経済学の教科書としては、最も国際標準の医療経済学の教科書と内容が近い。医療経済学が扱うトピックスや分析手法など、医療経済学がどのような学問であるかについて学ぶことができる。
マックベイ他（2004）『国際的視点から学ぶ医療経済学入門』，東京大学出版会
　　『医療経済学講義』よりも扱うトピックスが広く、『医療経済学講義』では触れられていない医療の経済評価も扱っている。
河口洋行（2012）『医療の経済学［第2版］』，日本評論社
　　『医療経済学講義』、『国際的視点から学ぶ医療経済学入門』よりも内容は平易で、初学者に対する配慮がなされており読みやすい。

━━ ももたろう先生の『在宅医療の現場で感じたこと』（その6）━━

「じょぼれー」に感謝

　　「生きとっても何の役にも立たんし、いいことがない…早くお迎えが来ないかなぁ…」
　　訪問するたびそうつぶやく80歳の敏子さんは、市営住宅の2階からほとんど外に出られず独り暮らし。心不全で足がパンパンにむくんでもなかなか病院に行かなかったのを訪れた友人が見かねて無理矢理受診させ、ケアマネジャーから病院主治医へと話がいって在宅訪問診療へとつながった。買物はヘルパーさん頼み。家の中は動けるので炊事洗濯はこなしているが、外へ出て少し歩くと息が上がってしまう。
　　そんな敏子さんが「せんせ、じょぼれー持って帰られぇ…」といって1本のワインを差し出してくれたのが3年前。「毎年電話で取り寄せて買うてちょっとずつ飲んどるんよ。ほんとは先生と一緒に飲めたらええけど、そうもいかんから…」。折角の厚意を無にしないよう、家で飲みますねとお礼を言ったときの、その嬉しそうな顔といったらなかった。以後毎年秋になると無事1年過ごされたことをボジョレ・ヌーボーで祝っている。
　　些細なことでも敢えてしてもらって感謝を伝えると本当に喜ばれる。たとえ身体に不自由がなくとも自分が何の役にも立たないという無力感を感じる高齢者は多く、独居だとさらにそれは増幅される。してもらうばかりでなく何かしてあげることを通じて社会とのつながりを持ち、誰かの役に立ちたい、喜んでもらいたいという気持ちが1本のワインになる。独り暮らしの高齢者がそれぞれに役割を持ち、役に立っているという満足感から生き甲斐を持てるような工夫ができないものだろうか。

第2章　マクロ経済からみた医療と介護

浜田　淳

1　医療・介護をとりまく社会経済的状況と今後の見通し

医療・介護費用の規模

　日本の国民医療費は、2010年度で37.4兆円となっており、国民一人当たりでは29.2万円となっている。国民医療費は、医療機関等の保険診療で行われた傷病の治療費であり、ふつうの出産費用、美容整形、健康診断などの費用ははいっていない。国民医療費は、日本の医療費の総額という性格をもっており、表1に示すように、毎年1兆円程度増えてきている。医療費の伸び率は、ほとんど毎年国民所得の伸び率を上回っているので、国民医療費の国民所得に対する割合は、年々高まり、2010年度には10.7%になっている。

　国民医療費はだれが負担しているだろうか。医療費は、患者の窓口負担、保険料、国や地方自治体の公費の3者で負担される。2010年度では、保険料が49%と半分近くを占め、公費が38%（国が26%、地方が12%）、患者の窓口負担等が13%となっている。日本の医療は、「国民皆保険」といわれるように医療保険制度によって運営されているが、医療費の4割近くを公費（財源は税金か国債などの借金）に頼っていることに留意しよう。

　一方、介護費用は、2010年度には、7.8兆円となっている。介護保険が始まった2000年度には3.6兆円だったが、すでに2倍以上の規模となっており、近年も平均5%を超えて伸びているなど、医療費よりもさらに伸び率が高い。介護保険は、利用者の負担額（保険給付の1割）を除くと、50%は保険料、残り50%が公費で負担されている。保険料は、65歳以上の1号被保険者と40歳以上65歳未満の2号被保険者が負担する。公費は国が概ね半分を負担し、残りを都道府県と市町村が負担する。

国の予算と医療・介護

　医療も介護も、その費用のかなりの部分を公費に依存している。国の予算の

153

第三部　医療経済学

表1　国民医療費と国民所得の年次推移

	国民医療費 （億円）	対前年度 増減率（%）	国民医療費の 国民所得に対 する比率（%）	国民所得 （億円）	対前年度 増減率 （%）
昭和30年度（'55）	2 388	11.0	3.42	69 733	…
40　（'65）	11 224	19.5	4.18	268 270	11.5
50　（'75）	64 779	20.4	5.22	1 239 907	10.2
60　（'85）	160 159	6.1	6.15	2 605 599	7.2
61　（'86）	170 690	6.6	6.37	2 679 415	2.8
62　（'87）	180 759	5.9	6.43	2 810 998	4.9
63　（'88）	187 554	3.8	6.20	3 027 101	7.7
平成元　（'89）	197 290	5.2	6.15	3 208 020	6.0
2　（'90）	206 074	4.5	5.94	3 468 929	8.1
3　（'91）	218 260	5.9	5.92	3 689 316	6.4
4　（'92）	234 784	7.6	6.41	3 660 072	△ 0.8
5　（'93）	243 631	3.8	6.67	3 653 760	△ 0.2
6　（'94）	257 908	5.9	6.97	3 700 109	1.3
7　（'95）	269 577	4.5	7.31	3 689 367	△ 0.3
8　（'96）	284 542	5.6	7.48	3 801 609	3.0
9　（'97）	289 149	1.6	7.56	3 822 945	0.6
10　（'98）	295 823	2.3	8.02	3 689 757	△ 3.5
11　（'99）	307 019	3.8	8.43	3 643 409	△ 1.3
12　（'00）	301 418	△ 1.8	8.11	3 718 039	2.0
13　（'01）	310 998	3.2	8.48	3 667 838	△ 1.4
14　（'02）	309 507	△ 0.5	8.51	3 638 901	△ 0.8
15　（'03）	315 375	1.9	8.57	3 681 009	1.2
16　（'04）	321 111	1.8	8.68	3 700 883	0.5
17　（'05）	331 289	3.2	8.86	3 740 848	1.1
18　（'06）	331 276	△ 0.0	8.76	3 781 051	1.1
19　（'07）	341 360	3.0	8.96	3 810 615	0.8
20　（'08）	348 084	2.0	9.81	3 547 672	△ 6.9
21　（'09）	360 067	3.4	10.51	3 425 189	△ 3.5
22　（'10）	374 202	3.9	10.71	3 492 777	2.0

資料　内閣府「国民経済計算」、厚生労働省「国民医療費」
注　　平成12年4月から介護保険制度が施行されたことに伴い、従来国民医療費の対象
　　　となっていた費用のうち介護保険の費用に移行したものがあるが、これらは平成
　　　12年度以降、国民医療費に含まれていない。

第2章　マクロ経済からみた医療と介護

中で医療や介護がどのような位置を占めているかをみてみよう。

　図1[1]は、2012年度の国の一般会計予算である。歳入・歳出の総額は90.3兆円となっている。歳出をみると、社会保障は26.4兆円で全体の約3割を占めており、文教及び科学振興、防衛、公共事業の各事業費よりはるかに大きい額になっている。この社会保障関係費26.4兆円の中で、医療は10.2兆円、介護は2.3兆円を占めている。つまり、予算規模90.3兆円の14％が医療・介護に使われているのだ。

　次に、歳入についてみてみよう。税金などの租税収入は歳入の半分にすぎず、49％（額にして44.2兆円）は公債金収入に依存している。公債金というのは国の借金であるが、こうした財政構造が続いてきたために、国の公債残高は、2013年度末で750兆円となっている。こうした「借金」は将来の世代が負担することになるので、将来世代に「つけ回し」されていることに留意しよう。

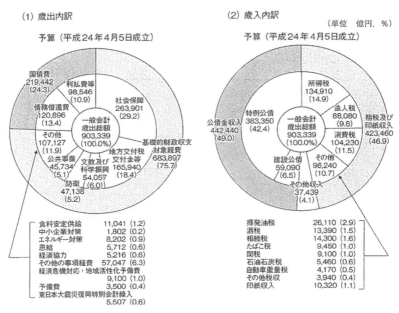

図1　2012年度の国の予算

第三部　医療経済学

日本の医療費は高いのか、低いのか？

　国際比較をすると、日本の医療費は相対的に低い水準になっている。2011年の総医療費の対 GDP 比をみると（表2）、アメリカが17.7% と断然高く、ヨーロッパは概ね10% を上回り、日本は9.6% と先進国の中では低い水準となっている。一人当たり医療費をみても、日本は先進国の中ではもっとも低い水準にあり、アメリカの４割弱の額となっている。

　医療の水準は、質、アクセス、コストで評価される。日本の医療は、質やアクセスでは諸外国に劣っておらず、コストは、世界一の高齢化にもかかわらず相対的に低いので、国際的には「コスト・パフォーマンスが良好である」として高く評価されてきた。しかし、国内の医療従事者からすれば、診療報酬という公定価格によって、日本の医療費は低すぎる水準に抑えられているという不満がある。

表2　OECD 加盟国の医療費国際比較

2011年

	総医療費の対GDP比（%）	順位	1人当たり医療費（ドル）	順位		総医療費の対GDP比（%）	順位	1人当たり医療費（ドル）	順位
アメリカ	17.7	1	8 508	1	ノルウェー	9.3	15	5 669	2
オランダ	11.9	2	5 099	4	イタリア	9.2	17	3 012	21
フランス	11.6	3	4 118	10	フィンランド **	9.2	17	3 259	17
ドイツ	11.3	4	4 495	8	ギリシャ	9.1	19	2 361	24
カナダ	11.2	5	4 522	6	アイスランド	9.0	20	3 305	16
デンマーク *	11.1	6	4 495	7	オーストラリア *	8.9	21	3 800	13
スイス	11.0	7	5 643	3	アイルランド	8.9	21	3 700	14
オーストリア	10.8	8	4 546	5	スロヴェニア	8.9	21	2 421	23
ベルギー	10.5	9	4 061	11	スロバキア	7.9	24	1 915	28
ニュージーランド	10.3	10	3 182	19	ハンガリー	7.9	24	1 689	29
ポルトガル	10.2	11	2 619	22	イスラエル	7.7	26	2 239	25
日本 *	9.6	12	3 213	18	チリ	7.5	27	1 568	30
スヴェーデン	9.5	13	3 925	12	チェコ	7.5	27	1 966	27
イギリス	9.4	14	3 406	15	韓国	7.4	29	2 199	26
スペイン	9.3	15	3 072	20	ルクセンブルグ ***	7.2	30	4 445	9

資料　「OECD HEALTH DATA 2013」
注1）上記各項目の順位は、OECD 加盟国間におけるもの
　2）1人当たり医療費については、米ドルで公表されている購買力平価の数値である
　3）* の数値は2010年のデータ、** の数値は2009年のデータ、*** の数値は2008年のデータ

156

一方、国の財政当局（財務省）は、公債残高が膨大になっている状況において、国家予算の１割以上を占める医療費の伸びを何とか抑制したい、と考える。2014年４月の診療報酬の改定率が「実質1.26％の引下げ」とされたのにも、こうした背景がある。

　果たして、日本の医療費は高いのだろうか、それとも低すぎるのだろうか。

　「わが国の医療については効率化の余地もあるし、他方医療資源のさらなる投入が必要な領域もある」という見解[2]は妥当である。一方、国際比較からみて、日本の医療が、医療者たちの献身的な努力によって、低コストで高い水準を達成してきたことも事実である。

　私は、日本の医療にはもっと財源が投入されていいと考えているが、医療費を保険料や公費の形で負担する国民には、あるべき医療提供体制のビジョンを明らかにし、そこに至る道筋を明示しなければ納得は得られない。では国は、今後の医療提供の在り方をどのように構想し、税や保険料の負担をどのように見積もっているのであろうか。次節では、「社会保障と税の一体改革」の中で示されている国のビジョンを概観する。

２　「社会保障と税の一体改革」に示された今後のビジョン

　図２は、社会保障と税の一体改革で国が示した2025年の「医療、介護の将来像」である。現在の「一般病床」を、高度急性期、一般急性期、亜急性期・回復期リハビリの病床というように機能分化させる。急性期医療には、医療資源（医師、看護師やお金）を集中的に投入する。急性期医療の入院日数は短縮し、退院する患者の受け皿として回復期のリハビリや亜急性期の病床を機能強化するとともに、在宅医療、在宅介護を充実する。グループホームなどの居住系のサービスや訪問看護、小規模多機能などの在宅サービスを大幅に増やす。

　ここでは、医療、介護の機能強化と効率化がともに打ちだされているが、医療、介護費用はどう予測されているのだろうか。医療については、2012年に35.1兆円（対 GDP 比7.3％）であるのが、2025年には54.0兆円（同8.7％）に増大する。介護については、12年に8.4兆円（対 GDP 比1.8％）なのが、25年には19.8兆円（同3.2％）となる。なお、ここでの医療、介護の費用は、自己負担分を除く保険料と公費で負担される費用に限定されている。

第三部　医療経済学

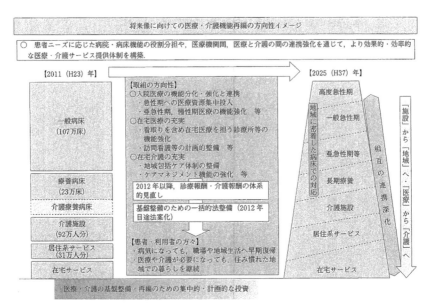

資料：平成23年7月14日　社会保障改革に関する集中検討会議（第11回）資料．

図2　2025年の医療・介護の将来像

　結果として、医療・介護費用に対する保険料負担額は現状の1.6倍となり、公費負担額は、1.8倍となる。2015年10月に消費税は10%に引き上げられる予定であり、その1%分（額は2.7兆円）は「社会保障の充実」にあてられるが、そのうち1.2兆円は医療・介護の「充実」に使用される。

　つまり、これまでの医療、介護の改革では、「効率化（＝費用の抑制）」が全面に打ち出されてきたが、今回の一体改革では、「効率化」以上に、中身の「充実」が打ち出されている。その結果、医療・介護の費用は増大することになり、保険料と公費という国民負担も増大することが織り込まれている。

　2013年8月の社会保障制度改革国民会議の報告書では、清家篤・同会議会長のメッセージが冒頭に次のように記されている。「社会保障制度の持続可能性を高め、その機能がさらに高度に発揮されるようにする。そのためには、社会保険料と並ぶ主要な財源として国・地方の消費税収をしっかりと確保し、能力に応じた負担の仕組みを整備すると同時に、社会保障がそれを必要としている人たちにしっかりと給付されるような改革を行う必要があります」

第2章　マクロ経済からみた医療と介護

このように、理念とビジョンはすでに提示されており、消費税の引き上げによる財源も用意されている。こうしたビジョンに沿って医療・介護の提供体制を改革していくことは、「待ったなし」の状況にあるともいえる。

3　医療・介護の経済効果

医療・介護とマクロ経済との関係は、費用負担の問題にとどまるものではない。じっさいは、社会保障と経済は相互に影響し合う関係にある。たとえば日本の医療は、高度成長経済の恩恵を受けて、その規模を拡大してきたが、医療の充実が国民の安全と安心につながり、安定した雇用の基盤になっていることもまちがいない。

2012年度版厚生労働白書[3] は、経済に対する社会保障の機能として、「セーフティネット機能」と「総需要拡大機能」をあげている。

「セーフティネット機能」としては、「労働力保全機能」や「生活安定機能」がある。確かに、医療水準の向上は乳児死亡率の減少などを通じて将来の労働力の確保につながる。労働者やその家族が病気の時に適切にサービスを受けることによって、労働力は保持され、生活は安定する。介護保険の創設による「介護の社会化」によって、親の介護のために離職せざるを得ないといった状況は、以前よりは改善された。高齢者が一定の公的年金を得られるようになって、医療・介護サービスを自分の負担で受けられるようになったことは、高齢者だけでなく家族の生活安定にも寄与している。

次に、「総需要拡大機能」については、「雇用創出機能」や「生産誘発機能」がある。雇用については、医療・介護の部門では、2011年度に462万人が働いている。直近10年間で238万人の雇用が増加し、日本経済における雇用の安定に大きく貢献している。さらに今後は、2025年において700万人以上の雇用が見込まれており、2011年と比較すると、看護職員は60万人程度、介護職員は100万人前後の増員が予定されている。

また、医薬品、医療・介護機器などの購入を通じて生産を誘発するとともに、生産が増加すれば労働者の消費の拡大を通じて経済の活性化に寄与する。

第三部　医療経済学

4　医療・介護を社会の中でどう位置づけるか？
社会的共通資本としての医療

　経済学者の宇沢弘文氏は、「社会的共通資本」という概念を提唱されている[4]。社会的共通資本とは次のような概念である。「社会的共通資本は、一つの国ないし特定の地域に住むすべての人々が、ゆたかな経済生活を営み、すぐれた文化を展開し、人間的に魅力ある社会を持続的、安定的に維持することを可能にするような社会的装置を意味する。社会的共通資本は、一人一人の尊厳を守り、魂の自立を支え、市民の基本的権利を最大限に維持するために、不可欠な役割を果たすものである」

　社会的共通資本は、自然環境、社会的インフラストラクチャ、制度資本の三つに分けられ、医療と教育は、もっとも重要な制度資本として位置づけられる。医療も教育も、「ひとりひとりの市民が、人間的尊厳を保ち、市民的自由を最大限に享受できるような社会を安定的に維持するために必要不可欠なもの」だからである。そして、社会的共通資本は、「私的資本と異なって、個々の経済主体によって私的な観点から管理・運営されるものではなく、社会全体にとって共通の資産として、社会的に管理、運営される」べきものである。そして、官僚的に管理されたり、利潤追求を目的とするような市場主義的な方法で運用されることは適切ではない。宇沢氏は、「社会的共通資本の各部門は、職業的専門家によって、専門的知見にもとづき、職業的規範にしたがって管理・維持されなければならない」としている。

社会的実験の場としての地域

　一方、政治学者の宇野重規氏は、近年の民主主義に対する不信をどう克服していくか、という観点から「地域における民主主義の実験」を提起する[5]。つまり、日本の近代化に当たって大きな推進力として機能したのは、東京の中央政府であったが、これは「近代化の前半戦」においては社会を特定の方向に向けて変えていく中央の力が大きな意味をもったからである。しかし、近代化が「後半戦」を迎えた現在では事情は異なるとして、以下のように述べている。

　「…今日、目指すべき改革の方向性については、むしろ「ローカル」な視点からの模索が重要になっている。すなわち、日本全体で目指すべきゴールを探す

よりは、それぞれの地域社会において、実験や模索を行う必要性が高まっているのである。このことは、…より積極的にいえば、地域社会に固有の条件のもと、その地域に暮らす人々自身のイニシアティブが重要になっているということでもある」

すでに第2部第5章で「地域包括ケアの構築」を取り上げたが、今、地域包括ケアが求められているのは、超高齢化や地域コミュニティの変化にともなって、社会共通資本としての医療や介護の役割がますます重みを増しているからである。そして、地域の医療や介護にかかわる問題は、住まいや交通や人々の社会参加などまちづくり全体の問題に広がっていく。

本章では「マクロ経済の中での医療・介護」を取り上げ、特に保険料や公費での負担についての合意形成が困難になっていることを示唆してきた。しかし、私は、むしろ一人ひとりの市民が身近な地域の医療や介護の問題に関わり、地域におけるサービスの給付と費用負担の関係をトータルとして理解することが、マクロ的な合意形成にも資するのではないかと考えており、そうした観点から地域への実践的な関わりに努めている。

地域の医療・介護は、医療・介護従事者が「職業的規範にしたがって」関与していくべき問題であり、医療・介護従事者と行政、地域住民が地道な話し合いを積み上げ、相互理解を深めていくことがなによりも重要である。

引用文献

1）平成24年版『図説日本の財政』p5；東京；東洋経済新報社
2）松田晋也（2013）『医療のなにが問題なのか』pp115-127；東京；勁草書房
3）平成24年版『厚生労働白書』pp224-227；東京；日経印刷
4）宇沢弘文（2000）『社会的共通資本』pp1-43；東京；岩波新書
5）宇野重規（2013）『民主主義のつくり方』pp153-194；東京；筑摩書房

第三部　医療経済学

ももたろう先生の『在宅医療の現場で感じたこと』（その７）

命の教育

　保さんが自宅で亡くなって往診したとき、奥さんが数日前の出来事を話してくれた。「近所にいる２人の小学生の孫娘がいつも喧嘩するたび"死ね"とか平気で言うんです。日頃からやめなさいと怒っても聞かないのでここへ連れてきて、あんたたち、死ね死ね言うとるけど人が死ぬのがどういうことか、おじいちゃんをよく見ておきなさい！といって叱ったんです。上の子は言われた事がわかったようでした。下の子もわかったとは言っていたけれど…うーん、どうかなぁ…」。これは祖母にしか言えない言葉だ。

　昔は老衰や治らない病を自宅で看取る介護力も経験も家族に備わっていたのだが、いつからか治療という名のもとに、患者と共に自宅を離れて病院に預けられてしまった。家族構成も次第に変化して、一家の中で人の死ぬ瞬間を見たことのある大人が減る一方で、死は日常の身近な出来事からテレビドラマの中でしか見ることのない観念的なものに変わった。子供達はゲームのキャラクターが死んだらリセットしてしまう。

　患者さんが自宅で療養して最期を迎えた時、家族、時には孫達が訪問看護師と一緒に体を拭いたり着物に着替えさせてあげたりといった最後の孝行をしている光景を目にする。子供達は死という人間にとって不可避の現実を祖父母を通して知り、そこから命の大切さを学ぶはずである。子供達が皆このような体験をすれば命を軽視した社会問題もかなり減るだろう。懸命に体を拭いてあげている子供達の姿をみるたび「あなたの最後の教育、伝わっていますよ」と御遺体に語りかけたくなる。

第3章　看護と経済学

谷垣靜子

はじめに

　看護と経済学の話をしよう。

　経済学は、金銭だけを扱う学問ではない。経済学者のポール・サミュエルソンは、「経済学とは、さまざまな有用な商品を生産するために、社会がどのように稀少性のある資源を使い、異なる集団の間にそれら商品を配分するかについての研究である」と述べている。「稀少性のある資源」は、貨幣として換算できるものを含んでいる。例えば、それは労働や健康、医療であったりする。また、「商品」は、市場で交換される財のことを意味し、サービスも含まれる。

　サービスとは、市場の交換後に得られる満足・効用を提供する形のない財のことを意味する。サービスには、サービス特性として、①無形性、②貯蔵不可能、③一過性があると言われている。経済学から「看護サービス」を捉えてみる。看護サービスの無形性とは、看護サービスそのものが形のあるものではなく、目で捉えることはできないことを意味する。看護サービスの形は、患者の状態像に応じて異なるのである。また、貯蔵不可能とは、無形性とも関連するが、看護の対象となる人が存在してから看護サービスは提供されることから、看護サービスを確保しておくことは不可能であることを意味する。一過性とは、看護サービスそれ自体は、ある一定時間の中で消費されことを意味する。このように、看護サービスは、サービス特性と一致する点から経済財であると考えられる。

　本章では、経済財としての看護サービスという視点で以下論述する。まず、医療提供における看護サービスの仕事が仕事して成り立つしくみを解説する。次に、看護サービスの生産に欠かせない看護労働の特徴について述べる。最後に、近年の医療政策の中心に据えられている地域包括ケアシステムのなかの一翼を担っている訪問看護サービスの活動について述べる。

163

1. 医療提供の仕組み

保険診療システム

　医療機関は、患者に対して医療サービスを提供し、患者はそのサービスにかかった費用の一部を窓口で支払っている。医療機関は、医療サービスの代金の一部（患者負担部分）を除いた額を審査支払機関等に請求する。審査支払機関等は、請求内容を審査した上で保険者に請求し、医療機関に支払う。医療機関が受け取るのが診療報酬といわれるものである。診療報酬とは、医療サービスの費用である。この費用は、公定価格であり、国民は、いつ、どこに行っても同一価格の医療サービスが受けられる。

　なぜ、同一の価格なのであろうか。もし仮に自由な価格にすればどのような弊害が生じるであろうか。それは以下の3点に集約できる。

①「情報の非対称性」である。患者は、医療に関する情報を十分に持ち合わせていない。提供された医療サービスの価格の妥当性は比べようがない。よって、病院サイドは、価格を高くする可能性がある。

②裕福な者しか受けられなくなる。価格が高騰すれば、裕福な者しか医療が受けられなくなる可能性がある。

③医療費が増大する。自由な価格にすれば、国民医療費は増大する可能性がある。

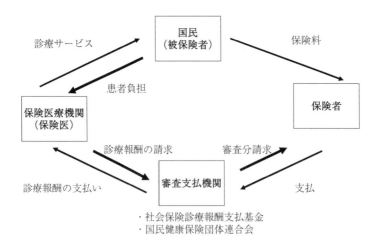

図1　診療報酬の概念図

以上のような理由から、わが国の診療報酬の価格は、保険外併用療養費を除いて原則公的価格となっている。

診療報酬体系

診療報酬体系は、保険診療の範囲・内容を定めるという品目表としての性格と、個々の診療行為の価格を定めるという価格表としての性格を有している。

診療報酬改定は、基本2年に1回である。診療報酬改定のスキームは、内閣が決定した改定率を所与の前提として、社会保障審議会医療保険部会及び医療部会において策定された「基本方針」に基づき中央社会保険医療協議会（以下、中医協）の諮問・答申を経る。

診療報酬の支払われ方には、「出来高払い方式」と「包括払い方式」がある。「出来高払い方式」は、サービスの価格を決め（点数化）、各サービス提供量に応じて支払う方式である。医療サービスを生産しやすいという長所がある反面、過剰診療を招く恐れがある。「包括払い方式」は、1日あたり、あるいは1疾病あたりなど一括して一定の価格を設定して支払う方式である。過剰診療

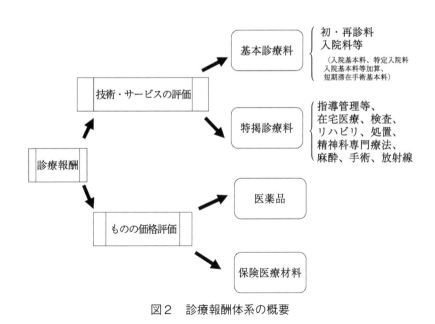

図2　診療報酬体系の概要

第三部　医療経済学

の抑制につながる反面、サービスの生産量がどれだけであっても一定額の収入が医療施設に入るため、費用を削減して利益を確保する恐れがある（過小診療）。また、費用のかかりそうな患者はほかの医療施設にまわすなど、いわゆる患者選択の恐れが生じる。

　診療報酬の支払われ方は、「出来高払い方式」にしても、「包括払い方式」にしても一長一短がある。そこで、2003（平成15）年にDPC制度が導入された。DPC制度は、急性期入院医療を対象とした診療報酬の包括評価制度である。対象病院は、当初特定機能病院であったが段階的に拡大され、平成22年7月現在、全国で1,391病院である。診療報酬額は、DPC毎に設定される包括評価部分と出来高評価部分の合計額となる。

メモ

DPC

　「DPC」については、①診断群分類に基づく1日あたり定額報酬算定制度を意味する場合と、②患者分類としての診断群分類を意味する場合とが混在し、両者の使い分けを明確にするべきという指摘があった。

　本来DPCは、②の意味で作られた略称であり、支払制度の意味は含まれない。このため、支払制度としてのDPC制度の略称については DPC/PDPS（Diagnosis Procedure Combination / Per-Diem Payment System）とすることと平成22年12月16日のDPC評価分科会において整理された。

診療報酬制度上の看護サービス評価の変遷

　第2次世界大戦後、連合国最高司令官総司令部 GHQ/SCAP（*General Headquarters, the Supreme Commander for the Allied Powers*）の介入によって、1948（昭和23）年に「保健婦助産婦看護婦法」が制定され、新たな看護制度が確立した。当事、病院に入院している患者の世話は、家族や付添婦が行っ

第3章　看護と経済学

表1　診療報酬制度上の看護サービス評価の変遷

1948（昭和23）年	保助看法の公布
1950（昭和25）年	完全看護
1958（昭和33）年	基準看護
1972（昭和47）年	看護料の創設
1994（平成6）年	健康保険法改正 新看護体系と新看護補助体系の創設
2000（平成12）年	入院基本料の創設
2006（平成18）年	看護職員配置の表記を実質配置に変更

ていることが多かった。GHQ/SCAP は、これを改善するべく1950（昭和25）年に完全看護制度を創設した。しかし、病院に配置される看護職員数の基準はなかった。

「完全看護」は、患者の身の回りの世話すべてを看護職員が行うというような誤解が生まれ、1958（昭和33）年には「基準看護」という表現に変更された。そして、基準看護施設での人員配置が定められた。しかし、基準看護では、当事の医療法にある標準人員以下の「患者対看護要員[1]の数の比率が5対1、6対1」の配置基準の新設に加え、看護職の免許を持たない看護業務補助者が構成員に含まれた。その背景に、病院の増加、病床の増設があり、看護職員数が追いついていなかったことが伺える。

看護料として明確になったのは、1972（昭和47）年である。看護の職能団体である日本看護協会の働きかけで「看護料」が創設された。看護料は、人件費相当の額であることから、看護の量的整備に繋がった。

1994（平成6）年には、新看護体系と新看護補助体系が創設された。これまで看護師、准看護師、看護補助者が一体となって評価されていた基準看護制度から、看護職員と看護補助者の評価を分離した体系に改められた。

2000（平成12）年から「入院基本料」が創設された。入院基本料には、入院医学管理料、入院環境料、看護料が含まれている。「入院基本料」における看護料は、入院という組織的な医療提供の体制を総合的に評価するという観点（ホ

1　看護要員：看護職員（看護師と准看護師）と看護業務補助者をまとめて表すことば

167

第三部　医療経済学

スピタルフィー）から内包されている。

　入院基本料は、入院基本料等加算や特定入院料などとともに、基本診療料の入院料を構成し医療機関の経営ベースとなっている。特定入院料には、救命救急入院料、脳卒中ケアユニット、新生児特定集中治療室管理料、回復期リハビリテーション病棟入院料等がある。私たちが入院をすると、入院基本料と特定入院料のいずれかが毎日、基本診療料として請求される。

　入院基本料の算定は、看護師配置と平均在院日数が物差しになっている。

　2013（平成25）年現在、最高の「看護基準」は7対1看護料である。7対1とは、看護職員1人に入院患者7人という配置を指す。入院患者が35人の場合、看護職員は5人ということである。看護職員というのは、正規の資格を持つ看護師・准看護師を指す。7対1の看護基準を取っている場合、看護師資格を持つ看護師は70％以上でなければならない。

　看護師配置は、看護職員の人件費として設定されている。よって、看護職員であれば、年齢、職歴等を問わない。また、看護師が看護以外のサービスに携わっても診療報酬が支払われている。このことは何を意味するのだろう。病院経営者にすれば、看護師の雇用人数は配置基準の制約を受けていることから、

表2　看護提供体制

一般病棟・入院基本料／1日につき（24年度診療報酬改定）

	入院基本料	看護師比率	平均在院日数	看護補助加算			入院期間に応じた加算
				30：1	50：1	75：1	
7対1	15,660	70％以上	18日以内				14日以内4,500円 15～30日以内 1,920円
10対1	13,110		21日以内				
13対1	11,030		24日以内	1,090*	840	560	
15対1	9,450	40％以上	60日以内	1,090	840	560	
特別入院基本料	5,750	40％未満					14日以内3,000円 15～30日以内 1,550円

＊：但し、一般病棟用の重症度・看護必要度の基準を満たす患者の割合が1割以上であること

168

儲けをだそうとすれば、若手の看護職員を多く雇用する方が得策である。また、看護師に看護以外の業務を看護業務と同時に行わせることで、新たな労働力を雇用する必要がない。しかし、このような経営をすれば、看護の質は低下しかねない。すなわち、看護以外の業務、例えば、配膳や検体の搬送などを看護師が行うことで、看護業務に労働力が投入できていないことを意味するのである。

　以上のことから、入院基本料は看護サービス生産に影響を与えている。経営サイドからの思惑が働けば、看護の質向上は望めない。逆に、看護サービスの質の維持・向上を目指せば人件費が増加し、利益を得ることは困難な状況を生むであろう。看護師自身も技能向上に取り組みたくとも周辺業務の忙しさから、十分に看護サービスが行えないジレンマを感じていると考えられる。

　診療報酬制度においては、医師や看護師の技術を反映させるには、客観的な評価を必要とするが、何を持って技術を評価するかと言うことは大変難しい。なぜなら、医療の効果は不確実性を伴うため、医師や看護師の技術の巧拙と患者の成果（改善）は必ずしも対応しないからである。

看護必要度

　入院看護サービスの評価を大きく変えたのが、診療報酬に看護必要度を導入したことである。1997（平成9）年に医療保険制度の抜本改革案が提出された。与党医療保険制度改革協議会から「21世紀の国民医療」の指針において、技術の適正な評価として「看護については、看護必要度を加味した評価とする」と述べられたことに始まっている。1999（平成11）年には、急性期入院医療の高度化、医療機関の機能分担を促進するため、入院患者へ提供されるべき看護必要量に応じた評価を加味することになった。2003（平成15）年の診療報酬体系の見直しについての基本方針には、「入院医療についての必要な人員配置を確保しつつ、疾病の特性や重症度、看護の必要度等を反映した評価を進める」と記された。

　その後、ハイケアユニット入院管理料が新設された。ハイケアユニットは、特定集中治療室等の退室後の病床として、一般病棟よりも重症度が高い患者を受け入れている。HCU入院管理料は、継続して密度の高い医療・看護を提

第三部　医療経済学

供できる体制を評価するものであるが、導入には届け出が必要であり、「重症度・介護必要度に係る基準」を使って患者を評価することが義務づけられた。そして、2006（平成18）年度の診療報酬体系の改定では、病院の入院管理料の施設基準として、各病棟の入院患者の重症度・看護必要度に係る評価を行い、実情に併せて適正に配置することが求められた[1]。

　看護必要度は、「入院患者へ提供されるべき看護の必要量」と定義されている。また、看護必要度は、実際に提供した看護サービスの量ではなく、患者がどの程度サービスを必要としているかによって判断される。よって、実際の看護サービスとは乖離している可能性もある。さらに看護必要度には課題がある。昨今の平均在院日数の短縮に伴い、入退院数は増加の一方である。このことは、入退院に関連する看護サービス量が増えていることを意味する。しかし、入退院に関連するものは看護必要度の測定項目には反映されていない。その他、患者の不安や悩みに関しての看護支援は重要であるにもかかわらず測定することは困難である。

　看護必要度の課題はあるものの、看護の質を確保する観点から、看護師の配置を標準化しつつ、標準化した配置から得られるアウトカム（成果）をデータ化することが今後求められると考えられる。

2．看護師の労働市場

看護師の大半を占める女性の働き方

　看護職員の多くが女性である。衛生行政報告によれば、2010（平成22）年現在の就業看護師のうち、男性の割合は5.6% であった。女性医師は、年々増えてきているが、男性看護師の伸び率は低い。そこで、ここでは、女性労働者という視点で看護師の働き方の特徴を考えてみる。

　女性、中でも既婚女性の働き方については、「ダグラス・有沢の法則」が有名である。この法則に則れば、夫の所得が高ければ女性の労働時間は減少する。また、夫の所得を一定とするならば、妻本人に提示される賃金率が高いほど就業率も高まる。既婚女性の場合、働き方に影響を与えるのは夫の所得だけではない。出産や育児など子どもの養育に関連していることは明白である。いわゆる「M字型」就労によって明確に示されている。

第3章　看護と経済学

　しかし、独身女性の場合であれば少し異なるであろう。すなわち、独身女性の場合、一般労働市場と同様に、給与が高くなればなるほど労働量は増加するであろう。また、給与が高いところを求めて職場を変わるかもしれない。

　これらのことから、看護師の大半を占める女性の働き方は、家族の状況に影響を受けている反面、未婚であれば自由な選択（売り手市場）をしている可能性が高いと捉えられる。

看護労働力の不足

　1992（平成4）年、「看護師等の人材確保の促進に関する法律」が制定された。同法に基づき、離職の予防、養成力の確保、再就業の支援など総合的な看護職員確保対策が進められている。医療従事者の中で人材確保のための特別の法律が制定されているのは看護職員だけである。それほどまでに看護職員の確保は難しかったのであろうか。

メモ

看護師等の人材確保の促進に関する法律

　この法律は、我が国における急速な高齢化の進展及び保健医療を取り巻く環境の変化等に伴い、看護師等の確保の重要性が著しく増大していることにかんがみ、看護師等の確保を促進するための措置に関する基本指針を定めるとともに、看護師等の養成、処遇の改善、資質の向上、就業の促進等を、看護に対する国民の関心と理解を深めることに配慮しつつ図るための措置を講ずることにより、病院等、看護を受ける者の居宅等看護が提供される場所に、高度な専門知識と技能を有する看護師等を確保し、もって国民の保健医療の向上に資することを目的とする。

第三部　医療経済学

　看護職員需要見通しは、看護職員の中長期的な需要と供給を明らかにするものである。1974（昭和49）年に「第１次看護婦需要計画」が策定されて以降、７回にわたる策定がされてきた。

　第７次看護職員需給見通しでは、需要が供給を上回り、数字上は看護師等の不足はないと思われる。しかし、厚生労働省は、今後の医療提供体制において病院機能分化の影響は大きく受けることから第７次看護職員需給見通しの数値結果は、参考程度という見解であった。

第７次看護職員需給見通しに関する検討会報告書（厚生労働省）まとめ

2010年10月

> <需要見通し>
> ■平成23年の約140万４千人から、平成27年には約150万１千人に達すると
> 　見込まれる。
> ■病院については、約90万人から、約96万６千人に増加するものと見込ん
> 　でいる。
> <供給見通し>
> ■平成23年の約134万８千人から、平成27年には約148万６千人に達すると
> 　見込んでいる。
> ■当初就業者数については、平成23年当初就業者数は約132万１千人であ
> 　り、平成27年当初は約144万８千人となった。
> ■再就職者数については、平成23年の約12万３千人から平成27年には約13
> 　万７千人と増加している。今回の調査の結果や従事者届けのデータを見
> 　ると、ナースバンクやハローワークだけでなく、個人間のつながりによ
> 　り就職先を見つけていることが多い。
> ■退職者数については、約14万５千人から約15万２千人とほぼ横ばいであ
> 　る。

　一方、中医協の基本問題小委員会の見解によれば、看護職員の需給は充足傾向にあるため、不足感の原因は、離職と潜在化によるものであるとしている。

172

確かに、潜在看護師数は、宮崎[2] の調査によれば約63万人と推計されている。この数が臨床の場に復帰すれば看護師の不足は解消されるであろう。しかし、先にも述べたとおり女性労働者特有の就労状況から、看護師不足の解消はそう簡単に解決できるものではない。

中央社会保険医療協議会　基本問題小委員会の見解　まとめ　　　2009年11月

【看護職員の需給は充足傾向にあるため、不足感の原因は、離職と潜在化によるものである】

＜就業看護職員数および地位遍在＞

■看護職員の就業者数は、約133万人であり、１年間で1.3万人増加している。

■第６次看護職員需給見通しでは、全体の不足傾向は縮小している。

■都道府県別の就業者数を見ると、医師に比べ地域遍在は小さい。

＜看護職員の離職率および離職理由＞

■常勤看護職員の離職率は全国平均12.6％であり、地方よりも大都市圏において高い。

■離職理由としては、勤務時間の長さや超過勤務など、労働環境による離職が多い。

■女性の看護職員の約半数は、母親として家庭生活との両立を優先しており、働き続けるための環境が必要。

＜需給状況についての見解＞

■看護職員の絶対数は充足しているものの、離職に伴う潜在化が問題である。

■看護職員の定着を図り、潜在化を未然に防ぐことにより、看護職員の需要を満たすことは可能である。

■働き続けられる環境を整えるため、看護職員の労働安全衛生管理を行う病院の支援策を要望する。

第三部　医療経済学

看護師の不足と労働需要

　看護師の働く職場は忙しい。看護師の多くは、よいケアを追求すればするほど、人手が足りないと感じている。

　看護師が働く労働市場は、買い手（雇用主側）独占が形成される傾向にあることがわかっている[3,4]。角田[5]は、看護師の労働市場が公立病院や大学病院と中小規模の私的病院の二重構造を呈しており、二重構造間での賃金格差が生じていることを明らかにした。このような状況は、看護師の労働力不足を生み、効率的な資源（労働力）配分が行われないことを意味する。

　さらに買い手（雇用主側）は、看護師を生産性に見合わない賃金や労働条件で看護師を雇用している可能性がある。看護師の職業・職場選択を考えると、看護師資格を活かした医療関連施設に限定されやすい。また、家庭を持てば生活の場を限定し、好条件を考えて地域を移動することも少ないと考えられる。雇用主は、このような看護師（女性）の働き方を捉えて看護師を雇用しているのではないだろうか。例えば、病院がより大きな利益を獲得したいと考えるならば、現行の低い賃金のまま多くの看護師を雇用するであろう。実際、看護師の不足を訴える病院は後を絶たない。

　看護師の不足は、国の医療政策により、看護師の需要が増大した場合に生じる。雇用主が看護師を募集したからと言ってすぐに看護師が集まるわけではない。看護師資格を得るまでには、一定の教育年限を必要とし、看護師国家試験に合格しなければならない。その間、看護師不足が生じるのである。看護師不足への対応策は、看護関係の大学学部（学科）の増設を行い、供給面での増加を図っている。確かに供給が増すことで、看護師不足は解消する。しかし、看護の質のレベルを上げたいと願う看護関係者の思いとは異なるところで看護師不足対策が進んでいるといっても過言ではない。看護師が供給され続けることは、一方で、生産性に見合わない賃金や労働が漫然として行われることになる。看護師の賃金が安くたたかれているのは、様々な社会状況の中で生じているのである。

看護労働における看護の技術料

　一般の市場においては、サービス価格が上昇すれば、サービス生産は拡大

174

し、労働サービスへの需要も増大する。しかし、看護サービスの場合、診療報酬体制があるため、一般市場とは異なり弾力的に対応できないのが一般的である。

先に述べたように、看護料は、人件費として支払われている。よって、看護料は、看護技術の対価ではないということである。看護の技術とはなんであろうか。看護の技術とは、看護の専門職として行う「看護行為」である。診療報酬体制上の看護の技術料としては、1982（昭和57）年8月の老人保健法に基づく1983年の診療報酬改定により、老人特掲診療料に退院時指導料、退院支援継続看護・指導料が新設されたことに始まる[6]。看護師が患者・家族に必要な指導に対価が認められたが、その対価が適正なのか、高価格か低価格かは、指導を受けた本人の満足度やその後のアウトカムで判断されると思われる。

看護師が診療の補助業務として行っている検査・注射・処置等は、個々の診療行為の点数の中に埋め込まれ、看護の技術料として特定化することは難しい。なぜなら、これらの技術は、看護職でなくとも実施可能な行為だからである。

看護職が単独で行う看護行為を評価し、診療報酬改定時に反映されるにはどうすればよいのだろうか。2003（平成15）年3月閣議決定「医療保険制度体系及び診療報酬体系の見直しに関する基本方針」のなかに、「医療技術については出来高払いを基本とし、医療従事者のチーム医療にも配慮しつつ、難易度、時間、技術力等を踏まえた評価を進める」と明記された。このような動きを推進し、診療報酬体系及び介護報酬体系等の評価・充実・適正化を推進することを目的に、2005（平成17）年7月看護系学会等社会保険連合（看保連・かんほれん）が設立された。看保連は、看護系の39学会の代表と全国看護部長会議等の団体から構成されており、看護の技術の有効性を示し、適切な看護評価に結びつけることができるのか検討している。

今後、看護職の看護行為の効果が明らかになり、診療報酬として適正評価がされれば、より質の高い看護が安定的に提供でき、患者・家族の健康に貢献することができる。また、患者・家族への支援が、治療の円滑化・効率化を図り、経済的にも効果をもたらすことに繋がるであろう。

第三部　医療経済学

3．訪問看護ステーションの活動

　日本の高齢化は諸外国に例を見ない早さで進行している。さらに認知症患者数も高齢化の進行で増加している。このような状況の中、団塊の世代が75歳以上となる2025年（平成37年）以降は、国民の医療や介護の需要が、さらに増加することが見込まれている。そこで、国の施策として、2025年を目途に、可能な限り住み慣れた地域で、自分らしい暮らしを人生の最期まで続けられることができるよう、地域の包括的な支援・サービスの提供体制（地域包括ケアシステム）の構築を推進している。具体的には、中学校区を基本に、予防、介護、医療、生活支援、住まいの5つのサービス提供を考えている。

　地域包括ケアシステムで必要とされる医療の中心的な役割を担うのが、訪問診療と訪問看護である。そこで、訪問看護活動について経済学の視点から捉えてみたい。

訪問看護制度における訪問看護活動

　1991（平成3）年、老人保健法の一部改正に伴い指定老人訪問看護制度が創設され、翌年から実施された。1994（平成6）年には、健康保険法の一部改正により指定訪問看護制度が創設され、全ての人々に訪問看護が利用できるようになった。2012（平成23）年4月現在、全国にある訪問看護ステーションの数は、5922箇所が稼動している（全国日本看護事業協会調べ）。

　日本看護協会訪問看護検討会の「訪問看護」に関する見解は、「何らかの病気や障害を持つ人々に、看護の有資格者がその人々の生活の場に出向いて行う専門的サービスである。そのサービスは、病気や障害のある人々が生活をしている人であることを重視し、その病気や障害を自ら受け止め、それに対処できるように、その人たちの生活に即した身近なやり方で支援しようとするものである。」

　訪問看護ステーションで実践される訪問看護は、開業看護ともいわれる。看護職のなかでも助産師は助産所を開設することができる。看護師においても1992年の「指定老人訪問看護の事業の人員及び運営に関する法律」において「老人訪問看護ステーションの管理者は保健師、看護師でなければならない」と定められ、老人訪問看護ステーションを開設できるようになった。

176

病院の中における看護サービスとは異なり、消費者が看護サービスそのものを購入できる「訪問看護」は、看護の質の評価を消費者から直接受けることができる。逆に、看護サービスを直接受ける消費者は、看護サービスの出来・不出来で、訪問看護ステーションを選択できる。トップマネジメントを担っているのは訪問看護ステーションの管理者である。管理者は、訪問看護サービスにより、療養者・家族が満足し、適正な評価が得られるような経営・運営に取り組んでいる。よって、管理者の経営のあり方次第で、経営状況の良し悪しが決まるのである。健全な経営を図るため、管理者は訪問看護実践力を高め、地域連携を図って適切な事業を展開している。

訪問看護ステーションにおける訪問看護は、看護職が地域社会の中で「看護の仕事」で経営を行い、人々の健康に貢献をしている。自立した看護の働き方が始まっているのである。

訪問看護の報酬

訪問看護ステーションは、介護保険、医療保険、高齢者の医療の確保に関する法律（後期高齢者医療）に加入している人々を対象とし、障害や虚弱の人、疾病の予防、医療依存度の高い療養者から看取りまで幅広い介護サービスを提供している。訪問看護の概要を表3に示す。

訪問看護サービスの内容は、療養者と家族が望むニーズに基づき実施される。その内容は、療養者・家族の特性によって様々であるにも関わらず、報酬単価は、介護保険ではサービスに要する時間による包括的な評価である。日本看護協会の働きかけもあって、診療報酬上様々な加算も増えてきた。平成24年度介護報酬改定では、地域包括ケアシステム構築に向けて医療連携・機能分担加算や看取り加算の改定がなされている。

看護職が社会的な責任ある専門職として看護サービスを提供し、評価され続けていくためには、看護を系統的、かつ客観的に可視化する必要がある。より質の高い看護提供に向け、看護サービスに関する費用対効果などの観点からエビデンスを構築することが求められる。

第三部　医療経済学

表3　訪問看護ステーションの概要

実施者・法律等	高齢者の医療の確保に関する法律（第56条、第78条〜81条）	健康保険法（第88条〜96条、第111条、第141条）	介護保険法（第8条、第40条等）
	特定訪問看護事業者 ※健康保険法の指定訪問看護事業者が指定老人訪問看護を実施する	指定訪問看護事業者 （医療法人、市町村、社会福祉法人、医師会、看護協会、会社、その他） ※介護保険法における指定居宅サービス事業者（訪問看護）は、健康保険法の指定訪問看護事業者とみなされ指定訪問看護を実施する	指定居宅サービス事業者（指定訪問看護事業者）
対象者	①75歳以上の者 ②65歳以上75歳未満の寝たきり状態にある者でかつ、右記（健康保険法）の条件を満たしているもの。	疾病、負傷により、家庭において継続して療養を受ける状態にある者（主治の医師がその治療の必要の程度につき厚生労働省令で定める基準に適合していると認めた者）	病状が安定期にある要介護者等で、利用者の選択に基づき訪問看護が計画された者（主治医がその治療の必要の程度につき厚生労働省令で定める基準に適合していると認めた者）
従事者	保健師、看護師、理学療法士、作業療法士、歯科衛生士、栄養士等（助産師を除く）	保健師、看護師、理学療法士、作業療法士、歯科衛生士、栄養士等 ・従事者に助産師を追加 ・保健師、助産師または看護師が管理者（常勤）	1事業所につき、常勤換算で2.5人以上の看護職を配置（保健師、看護師、准看護師、理学療法士、作業療法士） ・保健師または看護師が管理者（常勤・一定の条件を満たせば他業務との兼務可）
内容	後期高齢者医療受給対象者（主治の医師がその治療の必要の程度につき厚生労働省令で定める基準に適合していると認めた者に限る）について、その者の居宅において看護師その他厚生労働省令で定める者により行われる療養上の世話または必要な診療の補助をいう 具体的には、①病状観察、②清拭、洗髪、③褥瘡の処置、④体位交換、⑤カテーテル等の管理、⑥リハビリテーション、⑦食事、排泄の介助、⑧ターミナルケア、⑨認知症・精神疾患への看護、⑩家族の介護指導等、⑪医療的管理など	同左に加え、乳幼児・妊産婦への看護（保健指導の範囲外）	居宅要介護者等（主治の医師がその治療の必要の程度につき厚生労働省令で定める基準と適合していると認めた者に限る）について、その者の居宅において看護師その他厚生労働省令で定める者により行われる療養上の世話または必要な診療の補助をいう 具体的には、①病状観察、②清拭、洗髪、③褥瘡の処置、④体位交換、⑤カテーテルの管理、⑥リハビリテーション、⑦食事、排泄の介助、⑧ターミナルケア、⑨認知症・精神疾患への看護、⑩家族の介護指導等、⑪医療的管理など
回数	週3日を限度 末期の悪性腫瘍や神経難病等、急性増悪＊等は回数制限なし ＊ただし期間の上限は4週間		支給限度額の範囲内で、ケアプランに基づく回数。要介護者等であっても左記疾患等は介護保険で行わない（医療保険給付）
利用料	①基本利用料：後期高齢者医療制度では、一般は1割負担で月額上限12,000円、一定以上所得者は3割負担で月額上限44,400円まで ②その他の利用料 　a．実費負担：訪問にかかる交通費、日常生活上必要な物品、死後の処置 　b．差額費用：2時間以上（基本療養費I）または8時間以上（基本療養費II）で時間を超える延長時や営業時間外（休日・夜間）	①基本利用料：毎回につき健康保険被保険者、国保退職被保険者は3割、健康保険被扶養者、国民被保険者は療養費の3割の自己負担。3歳未満の乳幼児は2割の自己負担 ②その他の利用料 　a．実費負担：訪問にかかる交通費、日常生活上必要な物品、死後の処置 　b．差額費用：2時間以上または8時間以上で時間を超える延長時や、営業時間外（休日・夜間）	①利用者負担：訪問看護費用の1割負担率負担 ②その他のサービスに付加的なサービス費があれば、契約で定めた額 　・訪問にかかる交通費（営業地域以外）
備考	2008年4月より事業開始	1994年10月より事業開始	2000年4月1日より事業開始

178

第3章　看護と経済学

引用文献

1）筒井孝子（2008）『看護必要度の成り立ちとその活用』：東京；照林社
2）宮崎悟（2012）「看護人材の就業率の推移－再検討した潜在者数推計方法による結果から－」『ITEC　Working Paper Series 12-04』
3）西村周三（1992）「看護マンパワーの経済分析」，厚生省保険局編（看護問題研究会／座長西村周三）『看護マンパワーの需給の現状と理論分析（第1章）』：pp9-13；財団法人社会保険福祉協会
4）角田由佳，中西悟志（1995）「看護婦雇用の経済分析－生産構造の視点から－」『生活経済学』：12，pp173-192
5）角田由佳（2007）『看護師の働き方を経済学から読み解く』：東京；医学書院
6）竹谷英子（2001）『わかりやすい看護の経済学』：東京；日本看護協会出版会

━━ ももたろう先生の『在宅医療の現場で感じたこと』（その8）━━

幸福な人生とは

チエさんは男勝りの勝ち気な性格が災いしてか、嫁とは長い間のわだかまりがあったようだった。がんで在宅療養した最後の2か月を嫁がみることになったが、普段から人に弱いところを見せないチエさんは初めは何でも拒否していた。

嫁も半ば諦めの気持ちで始めた介護だった。診療に行くたび嫁の懸命さが感じられた。そして少しずつ嫁を信頼して介護を受け入れるようになってからのチエさんは、とても穏やかな人に変わり、訪れる友人や周りの全ての人に感謝して過ごしていたという。

「亡くなる1週間ほど前、義母が私にすがって『ありがとうね』と声がかれるまで何度も何度も言ってくれたんです。これまでいろいろあったことが全部水に流せました。ずっと介護から逃げてきたけれど、もっと早く関わればよかった。最後に本当に良い時間を持つことができました」

嫁との心のつながりもできて、チエさんは幸福な人生の最後の時期を過ごしたと思う。

「幸福なみとり」というが、最後の瞬間だけ幸福というのはありえない。それまでの時間、人生の最後の一時期をどう過ごせれば幸福なのか。幸福とは山のあなたの空遠くにあって探しに行ったり外から与えられたりするものではなく心の状態であるならば、物やお金があるから幸福とは限らない。

在宅療養や介護という目的や共同作業を通じて、それまでの家族との関係性が変化したり地域社会とのつながりが再確認されたりすることで、幸福な時間を過ごす患者さんに出会う。高齢者や病者の幸福を考えるヒントは在宅医療の中にあるような気がしている。

第4章　医薬品と経済学

齋藤信也

はじめに

　医療は、医薬品をはじめとする医療技術の進歩によって支えられてきた。以前は治らなかった疾患が、新薬が開発されることで治癒可能になってきた。この医療技術を国民に広く提供するには、それを医療システムに組み込む必要がある。具体的にはその技術を社会保険でカバーするか否かという判断が求められる。その際にそうした判断の前提となる医療技術の評価がきちんとしていないことには、適切な判断はできないことになる。

1．医療技術評価（Health Technology Assessment；HTA）

　医療技術評価とは、International Network of Agencies for Health Technology Assessment（INAHTA）によれば、「医療技術の開発、普及、および使用により生じる医学的、経済的、社会的、かつ倫理的意義を分析する学際的な政策研究分野である」と定義される[1]。また狭義には、医療経済学的視点に立って医薬品や医療機器の許認可や価格決定を行い、国民に公正な医療を実現することを目的する公共政策上のアプローチとして認識されている[2]。

　我が国における医療技術、特に医薬品の評価はこれまで医学的なものに限定されてきたが、そこに経済的、社会的、倫理的視点も組み込んだものが広義のHTAである。社会的・倫理的視点とは医療資源の配分法に関する基本的な考え方である。もし効率性を重んじるなら、できるだけ多くの人の健康を改善するような資源の配分が望ましい。これは功利主義の考え方に依っている。一方効率は犠牲にしてでも、できるだけ個別の患者のニーズに応えて、資源の平等な配分を目指すというのも有力な倫理的規範である。しかし、医療資源が希少であるかぎり、程度の差はあっても基本は効率性におき、それを平等主義の立場から修正するというのが公共政策としての考え方として標準的なものであ

ろう。そのためにも当該医療技術の経済的評価が不可欠となる。では、医薬品や医療機器といった医療技術の経済性はどのように評価したら良いのであろうか？その方法が医薬経済学である。

2．医薬経済学（Pharmacoeconomics）

ある抗がん剤を使用した場合、結果として生存期間が延長した場合、医学的な評価によれば、その薬の効果はあったことになる。一方、その抗がん剤が非常に高価であった場合、その値段に見合うだけの成果（アウトカム：ここでは生存期間の延長）が得られたかどうかを分析するのが、医薬経済学の手法である。ここでの抗がん剤のような医薬品の投薬や、手術、処置、あるいは看護といった患者に対する働きかけのことを介入（intervention）といい、それにより患者に生じた結果をアウトカムと呼ぶ。単なる医学的評価であれば、この介入の効果をアウトカムで比較すれば良い。降圧剤Aと降圧剤Bを比べる場合、アウトカムである心血管障害発生率がより低い降圧剤の方が優れているということになる。一方、介入には費用が伴う。投薬であれば薬剤費が生じる。医薬経済学では、この介入に要した費用（コスト）とアウトカムを比較することになる（図1）。これは、もとよりそれほど難しい話ではなく、Value for money（金額に値する価値）の程度を比較しているに過ぎない。費用が安くて効果が

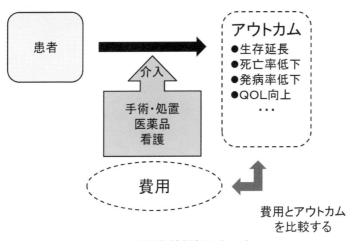

図1　医薬経済評価の考え方

明らかに高ければ、その薬は文句なく経済性に優れている。一方、費用が高くて、効果が劣る薬は論外である。問題は、効果はあるが、費用も高い薬をどう評価するかである。付け加えれば、効果は若干劣るが、費用が非常に安い薬も考慮の対象となるはずである。（図2）

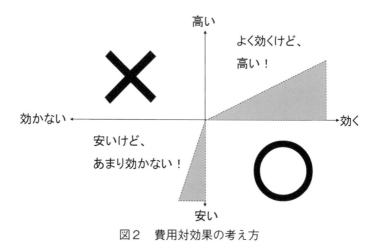

図2　費用対効果の考え方

具体的な医薬経済学における分析の手法としては、費用最小化分析、費用便益分析、費用効果分析、費用効用分析がある（表1）。

費用最小化分析（Cost-Minimization Analysis；CMA）
費用最小化分析では、複数の介入のアウトカムが同一である前提で、その中

表1　医薬経済学の分析手法

分析手法	費用	アウトカム
費用最小化分析 Cost-Minimization Analysis（CMA）	要した医療費	複数の治療の効果が等しいことを前提とする
費用便益分析 Cost-Benefit Analysis（CBA）		健康結果を金銭に換算したもの（便益）
費用効果分析 Cost-Effectiveness Analysis（CEA）		医学的な単一尺度 （効果；生存年など）
費用効用分析 Cost-Utility Analysis（CUA）		質調整生存年（QALY） （効用）

で最も費用の少ないものを選択する方法である。現実的にはアウトカムが同一であることを証明するのは難しく、あまり用いられることのない分析法である。これ以外の分析法は共通して介入に要した費用とアウトカムを比較する方法である。

費用便益分析（Cost-Benefit Analysis；CBA）

　費用便益分析は、アウトカムを便益という金銭に置き換えて、介入に要した費用と、便益を比較する方法である。そのためには、痛み、障害、死亡などといったすべての健康結果を、やや強引に便益に置換する必要がある。たとえば、その健康状態の改善に対し自発的に支払っても良い最高額を問う（WTP（Willingness to Pay；自発的支払い意思額）法）方法によって、健康アウトカムを金銭に置き換える。

　投入した費用も金額であり、アウトカムも金額であることから、両者の比をとるだけでなく、単純に引き算をしても比較が可能である。また全く異なるものを比較することも可能であり、たとえばダムを造ることと新薬の開発の効率性を比べることもできる。欠点としては、アウトカムをかなり無理して便益という金銭に置き換える手法に違和感を覚える人が多い点が挙げられる。このため医療分野で用いられることはこれまであまりなかった。

費用効果分析（Cost-Effectiveness Analysis；CEA）

　費用便益分析に対して、費用効果分析は、アウトカムはそのままの形で使用するので、違和感が少なく医療関係者にも受け入れられやすい。例えばアウトカムの中で代表的な生存年とそれを得るのに使用された費用を比較するわけである。生存年は非常に確実なアウトカムであり、1生存年に要する費用を比較することは医薬経済評価でよく用いられる手法である。

　しかし、臨床の実感として、自宅で家族に囲まれ健やかに過ごす1年と、施設の中で寝たきりの状態の2年と比べた場合、後者が前者の2倍優れているとはいいにくい。そこで、生活の質（QOL）で調整した生存年（Quality-adjusted life year；QALY）を単純な生存年の代わりにアウトカムとして用いる方法が考え出された。たとえばがん患者の生存期間は延長しないものの、痛みや不快

な症状を和らげる緩和ケアの効果は、生存年（Life year；LY）だけでは比較できず、このQALYによってはじめて評価が可能になる（図3）。

QALY（質調整生存年；Quality-adjusted life year）

　QALYとは縦軸に効用値（QOLを0から1の間の数字にしたもの。0が死亡で1が完全な健康と考える）、横軸に生存年をとった場合、その曲線の下の面積がそれに当たる（図3）。別の言い方をすれば、QALYとは生存年数と生活の質という2つの指標を1つの指標にまとめたものである。こうすることで費用効果分析では困難な異なる疾病間の比較も可能になる。

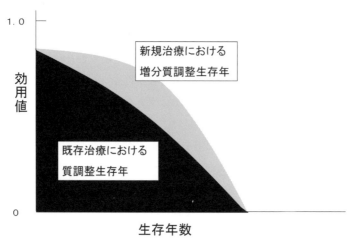

図3　質調整生存年（Quality-adjusted Life Year; QALY）の概念

費用効用分析（Cost-Utility Analysis；CUA）

　費用とこのQALYを比較する分析法を費用効用分析と呼ぶ。この費用効用分析はQALYというアウトカムを用いる費用効果分析の亜型であると捉え、費用効果分析に含める考え方もあるが、ここでは独立の分析法として扱う。現在医薬経済学では、この費用効用分析が用いられることが最も多い。臨床の実感に近く、生活の質を改善するような医薬品の評価も可能なQALYは有用なアウトカムである。

では、その肝心の QALY を計算するための効用値はどのようにして求めているのであろうか？

3．効用値

効用という概念は経済学理論と分かちがたく結びついたものであり、それとの整合性を顧慮することなく、効用値という言葉を安易に用いることに批判的な見方もある。そこで QALY の縦軸を、効用値ではなく QOL 値と呼び代える人もいる。また、QALY で用いる効用値は一般の経済学で使用される効用値とは異なり、健康量であるという人も多い。しかしここでは、とりあえず効用値と称する。

効用値の測定
基準的賭け法（Standard Gamble）（図4）

賭とは穏やかではないが、敢えて、健康な生活が p、死亡が 1 − p の確率で起きるロシアンルーレットのような賭けを想定してもらう。たとえば、「声を失った状態を想定して、この状態で生活を送るのと、手術により治る可能性を比べて、手術の成功率が何パーセント以上なら、手術を受けますか？ただし、手術が失敗した場合には死亡します」という問いに対して、90％以上と答えれ

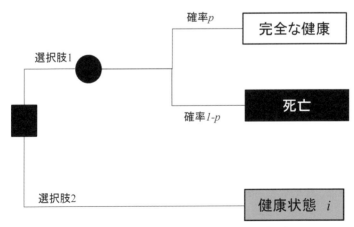

図4　基準的賭け（Standard Gamble）法

ば、失声の効用値は0.9ということになる。この方法はフォン・ノイマン＝モルゲンシュタインの期待効用理論に基づいており、厳密にいえばこの方法でしか効用値は測定できないとされている。しかし、現実にはこうした架空の想定に答えるのは困難である。また死亡と引きかえに健康状態を選ぶことから、危機回避的な回答が多く、他の方法に比べて効用値が高く捉えられる傾向が見られる。

時間得失法（Time Trade-Off；TTO）（図5）

ある健康状態iで過ごす任意の年数t年と等価になるような、健康な年数x年を尋ねる方法であり、具体的には「声を失った状態を想定して、この状態が今から10年続くとした場合に、これは今の健康な生活の何年分と同等ですか」とたずね、4年と答えれば、効用値は0.4となる。時間と健康状態を取引することでその健康状態の効用値を測定する方法であり、基準的賭け法に比べて答えやすく、効用値の測定法として用いられることが多い。

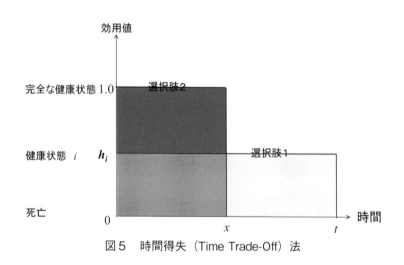

図5　時間得失（Time Trade-Off）法

評点尺度法（Rating Scale；RS）（図6）

「声を失うという状態は下記の線の上でどのあたりになりますか？」と問い、左端が0で右端が1の10cmの線分の左から4cmところに印があれば、効

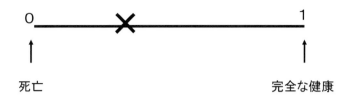

図6　評点尺度（Rating Scale）法

用値は0.4とする直感的な方法である。シンプルではあるが、視覚の尺度が心理の尺度と比例しているかどうかには疑問が残る。

間接法（インデックス型尺度によるQOL測定法）

健康状態に関する質問票に回答することで、その回答パターンから効用値を求める方法である。最もよく用いられるEQ-5Dという尺度では、①移動の程度、②身の回りの管理、③ふだんの生活、④痛み／不快感、⑤不安／ふさぎ込み　の5次元に対置して、1．問題がない、2．いくらか問題がある、3．問題がある　の3つのレベルで答えてもらうことにより、3の5乗である243通りの健康状態が評価できることになる（表2）。

例えば、①移動の程度が「いくらか問題がある（2）」で、②身の回りの管理が「いくらか問題がある（2）」で、③ふだんの生活が「いくらか問題がある（2）」で、④痛み／不快感が「問題がない（1）」で、⑤不安／ふさぎ込みが「問題がない（1）」という回答の場合、その組み合わせは22211となり、それを換算表にあてはめてみると（表3）、効用値は0.676になる。

4．費用の分析
費用の種類

分析の対象とする費用は、大きく直接費と間接費に分けられる。直接費は、その介入自体に要する費用である。直接費には、副作用が生じた場合の治療費も含まれる。一方間接費には、その疾患によって失う損失（生産性損失）を計上する。

第三部　医療経済学

表2　日本語版 EQ-5D

移動の程度
1．私は歩き回るのに問題はない
2．私は歩き回るのにいくらか問題がある
3．私はベッド（床）に寝たきりである
身の回りの管理
1．私は身の回りの管理に問題はない
2．私は洗面や着替えを自分でするのにいくらか問題がある
3．私は洗面や着替えを自分でできない
ふだんの活動（例：仕事、勉強、家事、家族、余暇活動）
1．私はふだんの活動を行うのに問題はない
2．私はふだんの活動を行うのにいくらか問題がある
3．私はふだんの活動を行うことができない
痛み／不快感
1．私は痛みや不快感はない
2．私は中程度の痛みや不快感がある
3．私はひどい痛みや不快感がある
不安／ふさぎこみ
1．私は不安でもふさぎ込んでもいない
2．私は中程度に不安あるいはふさぎ込んでいる
3．私はひどく不安あるいはふさぎ込んでいる

表3　日本語版 EQ-5D の効用値換算表（抜粋）

移動の程度	身の回りの管理	ふだんの活動	痛み／不快感	不安／ふさぎ込み	効用値
1	1	1	1	1	1.000
1	1	1	1	2	0.786
1	1	1	1	3	0.736
1	1	1	2	1	0.768
1	1	1	2	2	0.705
2	2	2	1	1	0.676

分析の視点と費用の範囲

　分析の視点とは、誰の立場に立つかと言うことである。①患者、②医療機関、③支払者、④社会　が考えられる。通常は③の支払者の視点で分析することが多い。この支払者というのは医療費の支払者であり、大半の国では社会保

第4章　医薬品と経済学

表4　医薬経済分析の視点と費用の範囲

分析の視点	目的	費用の範囲
患者	患者としての臨床判断	患者が負担する医療の費用
医療機関	医療機関経営における意思決定	医療機関が負担する費用
支払者	保険償還の可否 価格の決定	医療システム内の費用
社会	医療政策の決定	すべての費用（間接費用を含む）

険の保険者であったり、国であったりする。表4に分析の視点の違いによる特
徴をまとめてあるが、立場が異なるとおのずから費用の範囲も異なることにな
る。わが国では公的医療費支払者の立場からの分析を基本とするのが妥当であ
り、その場合は公的医療費の総額（患者負担分を含む）のみを費用の範囲とす
べきである。その疾患により働けなくなったことで生じる生産性損失も含めた
社会の立場での分析も介入の種類によっては行われることがある。

割引と割引率

　費用に関しては将来の価値が徐々に低下することから、それを割り引くこと
が一般的である。わが国では割引率は長期国債の利率を考慮し、年2％で計算
することが望ましいとされている。一般的に割引の根拠は、予期できない大災
害リスク、時間選好（遠い将来の1万円より、目の前の9,000円）、経済成長と
貨幣価値の低下を組み合わせたものと考えられるが、英国ではそれに基づき
3.5％が用いられている。

　一方健康アウトカムも割り引くことが一般的である。これも時間選好（将来
の健康状態より、目下の健康の方が重要）の要素が大きいが、費用と同率で割
り引く考え方と、将来の健康価値の増大を想定して、費用よりも低い割引率を採
用する考え方がある。

5．増分分析

　単に「治療Aか、治療Bか？」という比較では、平均費用／効果比での表
示でよいが、医薬経済評価で行われる評価は通常「治療Bを採用すべきかど
うか？」という問いの形をとることから、単なる比較では不十分であり、「費

第三部　医療経済学

用をどれだけ追加すればどの程度の追加的な成果が得られるか？」という比較が必要になる。つまり増加した効果（増分効果）と追加した費用（増分費用）を比較する増分分析を行わなければならない。これを増分費用効果比；incremental cost-effectiveness ratio（ICER）と呼ぶ（図7）。

A：既存技術、B：新技術
①　Cost Effectiveness Ratio（CER）：費用効果比

$$= \frac{費用（B）}{効果（B）}$$

②　Incremental Cost Effectiveness Ratio（ICER）：増分費用効果比

$$= \frac{費用（B）－費用（A）}{効果（B）－効果（A）}$$

図7　増分費用効果比（incremental cost-effectiveness ratio；ICER）

　この場合比較対照となる医療技術は、恣意的に選ぶのではなく、幅広く臨床現場で使用されていて、当該技術が導入されたときに、最も代替されるであろうと想定されるものを選ぶべきである。

6．モデルによる分析

　医薬経済評価のための分析において、その分析期間は十分長いことが推奨されるが、現実の臨床試験等の基づいたデータだけでは不十分なことも多い。そこでモデル分析が行われる。モデル化は①疾病の介入ポイントや推移を記述する。②代理エンドポイント（脳血管障害による死亡率という真のエンドポイントの代理となる血圧の低下率等）から真のエンドポイントへの外挿（当てはめること）を行う。③臨床試験の結果から現実の医療（real world）を推測する。といった目的で行われる。モデルの代表として判断分析モデル（Decision Analysis Model）とマルコフモデル（Markov Model）が挙げられる。

判断分析モデル（Decision Analysis Model）

　一般の急性期医療のように一方向に経過してゆく場合に有用なモデルであ

る。判断分析の基礎となるのが判断樹（Decision Tree）であり、臨床の経過を樹の枝分かれのように表現する図である。枝分かれの部分（分岐点）は、選択によって決められる Decision Node と確率によって結果が分かれる Chance Node に分けられる（図8）。この判断樹にその経路を経過してきた場合の効果（効用）と費用はそれぞれの期待値として計算できることから、それを比較することで両者の優劣が明らかになる（図9）。

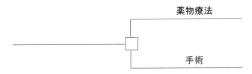

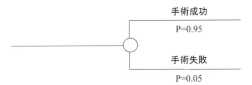

図8　判断樹（Decision Tree）における分岐点

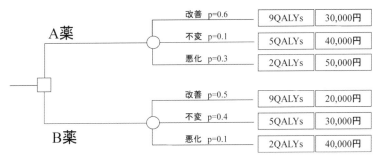

図9　判断分析モデル（Decision Analysis Model）の例

マルコフモデル（Markov Model）
　糖尿病のような慢性疾患の場合、病気の経過は一方向には進まず、ある人は

191

病状が改善し、別の人は不変であり、ある人は悪化して死亡するかもしれない。このように状態が推移する場合、各状態から別の状態への推移確率が分かれば、時間経過による変化をシミュレーションすることができる。こうした方法をマルコフモデルと呼ぶ。例えばその状態の患者の1年あたりの医療費が分かっていれば、費用対効果を計算することができる（図10）。

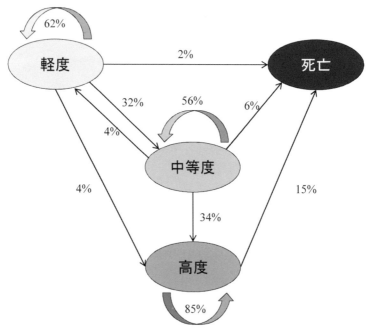

図10　マルコフモデルと年間推移確率

感度分析

　医薬経済学では、さまざまなデータを利用して分析を行うが、分析の枠組みやデータ自体（有効率や副作用の発生率）に不確実性（uncertainty）が伴う。こうした不確実性を前提として、いくつか条件を変えて分析をしなおし、結果がどのように変化するかを検討することが必要となるが、こうした分析のことを感度分析という。

　例えばあるデータソースに基づいて有効率を30%として計算した場合の結果

が、有効率を15〜45％の範囲で変化させても結論に変化がなければ、その結果はrobust（強固）であるといえるが、有効率をわずかに変化させただけで結論が異なるようだと、あまりrobustな分析結果とはいえない。

7．医薬経済評価の活用

閾値（threshold）

　医薬経済評価に基づき、その医療技術なり医薬品のICERが定められた基準と比較してどの程度なら、採用するか、あるいは保険で償還するかという判断を行っている国がある。この基準のことを閾値（threshold）と呼ぶ。これを明示している国とそうでない国があるが、研究レベルも含めれば、アメリカ：5万ドル、カナダ：2万カナダドル、イギリスでは3万ポンド、オランダでは2万ユーロ、オーストラリアでは36000オーストラリアドル（いずれも、／QALY）といわれている。日本円にしておおよそ200万円から600万円くらいである。

新技術導入・適正利用に関する基準（図11）

　この増分分析の結果、追加費用がかかるのに効果が減少するならそれは、は

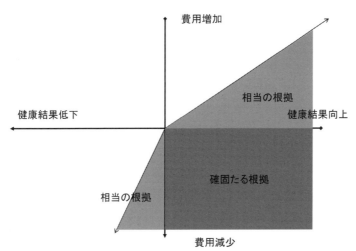

図11　増分分析に基づく新技術導入・適正利用に関する基準

第三部　医療経済学

なから議論の対象にならない。一方、追加費用がマイナスで効果が増加するなら、それは議論の余地なく採用対象となる。問題は、追加費用がかかり、増分効果がある場合である。ここが閾値以下なら採用の対象となる。一方、効果が若干減じても、費用が大幅に減ればそれも採用の対象となる。図11の黒い部分は確固たる根拠があることになるが、灰色の部分も相当の根拠があることになる。灰色の部分の直線傾きこそが先ほど述べた閾値にあたる。閾値が高くなれば、この直線の傾きが大きくなり、その結果灰色の部分の面積も大きくなる。

医療資源配分と社会的価値

　医療資源は希少であり、ニーズにすべて応えることは困難である。そこで提供する医療に優先順位をつけることを医療資源配分といい、その方法について各国とも頭を悩ませている。たとえば安くて効果のある医薬品と、それよりも効果は高いが、価格はもっと高い医薬品を比べて、どちらを患者に勧めるかを考える際に、潤沢な資金があれば、効果のより高い医薬品を使用することに躊躇はないが、限られた財政の中で、効率的な医療を提供しようとするなら、経済性に優れた医薬品を優先するという考え方は自然なものである。つまり純粋な医療的価値に加えて、社会的な価値による医療資源配分が求められることになる。

診療ガイドラインと医薬経済評価

　我が国の従来の診療ガイドラインは、臨床効果のエビデンスがしっかりしているものを推奨する形式となっている。これに対して英国の NICE（National Institute for Care and Clinical Excellence：国立保健医療研究所）が作成するガイダンスでは、医学的評価に加えて経済的評価を行い、その結果を踏まえてその医療技術の推奨を行っている。この際に、先ほどの閾値を用いて、ICER が、2万ポンド／QALY の場合は基本的に推奨されるが、2万ポンド／QALY 以上3万ポンド／QALY 未満の場合はそれなりの理由が必要となる。3万ポンド／QALY を超える場合は相当の理由がなければ推奨とはならない。

　もちろんこの推奨から外れても、それを必要とする患者に、医薬品などの医療技術を提供する仕組みは別途準備されてはいるが、NHS（National Health

Service）という国営の医療システムにおける医療技術や薬剤使用の一貫性は、こうした医薬経済評価に基づく NICE のガイダンスによって保たれているといってよい。

引用文献

1）INAHTA（International Network of Agencies for Health Technology Assessment）: HTA Resources,. http://www.inahta.org/HTA［2015 年 1 月 20 日アクセス］
2）鎌江伊三夫：「日本版医療技術評価（HTA）」について. Monthly IHEP 224, 1-5, 2013

参考文献

1）医療経済評価研究における分析手法に関するガイドライン. 厚生労働科学研究費補助金（政策科学総合研究事業）「医療経済評価を応用した医療給付制度のあり方に関する研究」（研究代表者：福田敬）平成 24 年度総合研究報告書. 2013
2）坂巻弘之（2006）『やさしく学ぶ薬剤経済学』, じほう
3）Drummond M 他：久繁哲徳他監訳（2003）『保健医療の経済的評価−その方法と適用−』, じほう
4）城山英明他（2013）『医療技術の経済評価と公共政策―海外の事例と日本の針路』, じほう
5）鎌江伊三夫（2011）『ヘルスケアサイエンスのための医薬経済学用語集』, 医薬出版センター
6）池上直己他（2001）『臨床のための QOL 評価ハンドブック』, 医学書院

あとがき

　この本は、タイトルが「医療経済学・地域医療学」であるように、一見、「医療経済学」と「地域医療学」の教科書を合冊しただけのようにも思える。もちろん、医療経済学の入門書としては、コンパクトな中に、そのエッセンスは詰め込めた自負はあるし、一方、地域医療学という新しい分野の教科書としての充実度にもそれなりの自信はある。その両者が有機的につながっているかどうかの判断は読者に任せるが、この本に込めた編者の思いの一端を述べて、あとがきに代えたい。

　岡山大学医学部は、長年にわたる地域医療への貢献の実績を背景に、2010年からは、地域医療人材育成講座を設け、地域医療で活躍する人材を育てることにさらに力を注いでいる。編者の一人である浜田が、同講座を率いる片岡教授と佐藤教授とともに行っているのが「医療政策・地域医療学」という新しい学問のシリーズ講義である。従来の医学教育の枠組みにとらわれない内容が学生に一定の評価を得ている。本書では、中村・小森両先生のビビッドな現場感覚にあふれるご寄稿もいただいているが、これからも現場従事者の息づかいが伝わるような講義としていきたい。

　一方、浜田は医療経済学教室の主宰者でもあり、そこに医療経済学者である経済学部の岸田先生、看護経済学の専門家である医学部保健学科の谷垣先生、加えてもう一人の編者である齋藤が集い、交流を行ってきた。谷垣先生と齋藤は保健学科の医療経済学という講義を担当しているが、そこにはその成果が反映していると考えている。

　われわれのもう一つの活動が、岡山大学地域総合研究センター（通称「岡大アゴラ」）における地域包括ケアのワークショップである。岡山県内各地において、地元の方々と医療系の学部以外の学生も多く含む岡山大学および県内の学生が、様々な課題に取り組んできた。そこにはファシリテーターとして本書の執筆者の多くが関わっているが、それは医療経済学分野の教員も同様である。地域医療に関わる教員や医師、歯科医師、薬剤師、看護師、介護福祉士と経済学を教える教員が膝をつき合わせて、ワークショップに参加する中で、地

域医療学・医療経済学という学問が産声を上げたと言えなくもない。本書では、地域から遊離した講壇経済学ではなく、地域に暮らしている人のための介護の経済学や、訪問看護ステーションの活動を支える看護の経済学が、地域医療学とうまく融合していると思うのは編者らのひいきめであろうか？

そこで改めて本書の表紙を眺めてみると、そこにはのどかな田園風景が広がっている。青い稲が茂る田んぼの上をさわやかな風が吹き通っていく感じがする。この小さな教科書が、地域における医療や介護にかかわる人々の育成の一助となることを、その静かな営みの上に吹き渡る風に託して願っている。

2014年4月

齋藤信也・浜田　淳

編集・執筆者一覧（敬称略）

編集者

齋藤　信也
　　：岡山大学大学院保健学研究科　教授

浜田　　淳
　　：岡山大学大学院医歯薬学総合研究科　教授

執筆者（執筆順：担当）

齋藤　信也：岡山大学大学院保健学研究科　教授（第一部第1章、第三部第4章）

岸田　研作：岡山大学大学院社会文化科学研究科　教授（第一部第2章、第三部第1章）

片岡　仁美：岡山大学大学院医歯薬学総合研究科　教授（第二部第1章）

岩瀬　敏秀：岡山大学大学院医歯薬学総合研究科　助教（第二部第2章）

佐藤　　勝：岡山大学大学院医歯薬学総合研究科　教授（第二部第3章）

金森　達也：岡山大学大学院医歯薬学総合研究科　助教（第二部第4章）

中村　幸伸：つばさクリニック院長（倉敷市）（第二部第4章）

小森　栄作：ももたろう往診クリニック院長（岡山市）（コラム）

浜田　　淳：岡山大学大学院医歯薬学総合研究科　教授（第二部第5章、第三部第2章）

谷垣　靜子：岡山大学大学院保健学研究科　教授（第三部第3章）

岡山大学版教科書　**医療経済学・地域医療学**

| 2014年6月1日 | 初版第1刷発行 |
| 2016年10月1日 | 初版第2刷発行 |

編　著　　浜田　淳・齋藤　信也
発行者　　森田　潔
発行所　　岡山大学出版会
　　　　　〒700-8530　岡山県岡山市北区津島中3-1-1
　　　　　TEL 086-251-7306　FAX 086-251-7314
　　　　　http://www.lib.okayama-u.ac.jp/up/
印刷・製本　友野印刷株式会社

© 2014 Jun Hamada Shinya Saitou　Printed in Japan　ISBN 978-4-904228-40-1
落丁本・乱丁本はお取り替えいたします。
本書を無断で複写・複製することは著作権法上の例外を除き禁じられています。